NIGEL BARLEY

Traurige Insulaner

ALS ETHNOLOGE BEI DEN ENGLÄNDERN

Aus dem Englischen
von Elke Hosfeld

Klett-Cotta

Klett-Cotta
Die Originalausgabe erschien
unter dem Titel «Native Land»
im Verlag Viking Penguin, USA 1989

Printed in Germany
Schutzumschlag: Klett-Cotta-Design
Gesetzt aus der Walbaum
von Gutfreund, Darmstadt
Auf säure- und holzfreiem Werkdruckpapier gedruckt
und gebunden von Ebner Ulm
Zweite Auflage, 1993

Die Deutsche Bibliothek – CIP-Einheitsaufnahme
Barley, Nigel:
Traurige Insulaner : als Ethnologe bei den Engländern /
Nigel Barley. Aus dem Engl. von Elke Hosfeld. – 2. Aufl. – Stuttgart :
Klett-Cotta, 1993
Einheitssacht.: Native land ⟨dt.⟩
ISBN 3-608-93189-9

INHALT

Einführung 7

Zeitgenössische englische Mythen 15

Identität in der Stadt 43

Körper-Kultur 65

Vom Leben nach dem Tod 89

Zeitnischen 125

Die Königin und ihr Land 147

EINFÜHRUNG

> «Wenn du heiraten willst, heirate eine Anthropologin. Sie hat sich jahrelang darin geübt, dich niemals zu unterbrechen und nur so viel zu sagen, damit du weiterredest.»
>
> (Rat eines bedeutenden finnischen Anthropologen)

Dieses Buch knüpft an eine sechsteilige Fernsehdokumentation an und behandelt im großen und ganzen dasselbe Thema. Doch Buch und Fernsehen stellen an den Autor grundverschiedene Anforderungen. Ersteres wirkt vor allem durch das Wort und eignet sich eher für Analysen und Erklärungen, letzteres will durch eindringliche Bilder überzeugen.

Die Fernsehserie war eine Entdeckungsreise, die zu einer allgemeinen Vorstellung von zeitgenössischer englischer Identität führen sollte. Angeregt wurde sie durch das Gefühl der Entfremdung, das jeden überwältigt, der von einem längeren Aufenthalt im Ausland zurückkehrt und sich nun aufgerufen fühlt, über seine eigene Kultur Rechenschaft abzulegen. In sechs halbstündigen Sendungen kann man kein umfassendes Bild der englischen Identität vermitteln; thematische Schwerpunkte und Idiosynkrasien lassen sich nicht vermeiden.

Anthropologen sind alles andere als ein homogener Verein und weichen in ihren Methoden und Zielsetzungen erheblich voneinander ab. Sie erforschen Kultur und Gesellschaft, sind aber nicht in der Lage, sich über die genaue Bedeutung dieser Begriffe zu verständigen. Den einen geht es um Beschreibungen, den anderen um Analysen. Das Wort «Erklärung» hört man immer seltener. Wie alle Propheten deskriptiver Wissenschaft sind Anthropologen nur daheim nicht besonders gut angesehen. Üblicherweise haben sie in fernen Ländern gearbeitet und Völker erforscht, die für all das stehen, was in unseren Augen fremd und «andersartig» ist. Und wenn sie im United Kingdom tätig wurden, dann beschäftigten sie sich bevorzugt mit keltischen Randzonen, Zigeunern oder benachteiligten Gruppen – mit allem und jedem, nur nicht mit dem Durchschnittsengländer, wer immer das sein mag. Man könnte behaupten, daß die Unterscheidung zwischen Soziologen (die «zu Hause» arbeiten) und Anthropologen (die «in der Fremde» arbeiten) die Grenze markiert und zementiert, die die Welt in zwei große Lager teilt – auf der einen Seite Menschen, die wir als unseresgleichen betrachten, und auf der anderen Seite alle, die ganz anders sind. Es fällt zunehmend schwer, eine solche Grenzziehung ernstzunehmen.

Generationen von Studenten haben in Einführungsvorlesungen gelernt, daß sich Anthropologen mit kleinen, traditionellen, persönlichen Gemeinschaften befassen, deren Mitglieder als «Analphabeten» oder, zuversichtlicher, als «Prä-Alphabeten» beschrieben werden. Wir aber leben in einer Welt, in der die Volksgruppen der anthropologischen Literatur eine Lese- und Schreibkultur entwickeln, welche die jüngere Generation in unserer eigenen Gesellschaft über Bord zu werfen droht. Die Größe einer Bevölkerung allein sagt wenig aus. Wir kennen traditionelle Völker im ethnographischen Territorium Afrikas und Asiens, die mehrere Millionen zählen, während sich die westlichen Massengesellschaften bei näherem Hinsehen in die kleinen Gemeinschaften von Arbeit und Familie auflösen, in denen auch wir uns persönlich gegenübertreten.

Wir haben also allen Grund, die Grenzziehung zwischen denen, die ihre eigene Kultur erforschen, und jenen, die draußen arbeiten, mit Mißtrauen zu betrachten. Allzu leicht behaupten wir unter dem Deckmantel einer solchen Trennung unsere angeborene Überlegenheit und Rationalität oder halten Mythen und Vorurteile über die Welt und unseren bevorrechtigten Platz in ihr aufrecht.

Der Ethnograph jedoch erfährt eine Reihe sehr realer Unterschiede zwischen der Arbeit im afrikanischen Busch und in den städtischen Wüsten Englands. Es ist ein merkwürdiges Paradox der Anthropologie, daß man erst dann ein «Experte» für eine bestimmte Kultur werden kann, wenn sie einem vorher völlig unbekannt, ganz und gar fremd war. Warum ist das so? Die gängige Antwort lautet, daß nur die Begegnung mit dem Fremden Kultur sichtbar machen kann. Unsere eigene Kultur gleicht unserer eigenen Nase. Wir sehen sie nicht, weil sie genau vor unseren Augen liegt und wir gewohnt sind, die Welt unmittelbar durch sie hindurch zu betrachten. Wenn wir sie überhaupt wahrnehmen, sehen wir sie als *Teil* der Welt. Die Kultur der Anderen indes ist, wie die Nasen in *ihren* Gesichtern, offenkundig und bietet sich für unvoreingenommene und langwierige Forschungen und Vergleiche an.

Der Anthropologe, der daheim Feldforschung betreibt, befindet sich daher in einer eigentümlichen Lage und muß entweder schreckliche Verrenkungen anstellen, um sich selbst zu sehen, oder – besser – versuchen, sein eigenes Bild im Spiegel der «anderen» Kulturen, die er jahrelang studiert hat, zu entdecken. Die Spannung, zur gleichen Zeit innerhalb und außerhalb der Kultur, die er erforscht, zu stehen, verursacht Stärken und Schwächen der Position des Anthropologen, der zwangsläufig vergleicht, aber auch subjektiv betroffen ist. Eine Grundüberzeugung der Anthropologie lautet, Kulturen innerhalb ihrer eigenen Denk- und Vorstellungsweisen, mit den Begriffen ihrer Mitglieder zu erforschen. Ist der Anthropologe jedoch beides, einheimischer Informant und Forscher, ergeben sich Spannungen zwischen dem Bericht des Eingeborenen über seine Kultur und dem Bericht des Wissenschaftlers. Vor allem aus diesem Grund suchte ich mir einen englischen einheimischen Informanten, Jim Batchelor.

Eine Bemerkung zur Methode. Anthropologen arbeiten selten mit Fragebögen und Statistiken. Sie befassen sich mehr mit «intersubjektiven Bedeutungen», den Vorstellungen, mit denen Menschen ihrem Leben einen Sinn geben. So ist Geschichte für den Anthropologen weniger das, was wirklich geschehen ist, als das, woran sich die Menschen erinnern. Kultur wird ungefähr wie eine Sprache betrachtet. Vermutlich sprechen kaum zwei Menschen genau gleich, obwohl in gewissem Sinn alle Muttersprachler «dieselbe» Sprache sprechen und in der Tat auch sprechen müssen, um sich verständigen zu können. Die intersubjektiven Bedeutungen in einer Kultur lassen sich nicht einfach vermessen, sondern werden am besten mit der Technik der «teilnehmenden Beobachtung» erforscht, eine aufwendige Bezeichnung für eine einfache Sache, daß man nämlich wie ein Einheimischer, möglichst über einen längeren Zeitraum, am Alltagsgeschehen teilnimmt. Hier unterscheidet sich der Fernsehautor am meisten vom Anthropologen im Feld. Der Anthropologe versucht, örtliche Aktivitäten möglichst nicht zu stören und unbemerkt zu bleiben. Das ist der Sinn der eingangs zitierten Worte des finnischen Anthropologen. Mit einem Filmteam und einem Haufen aufdringlicher Gerätschaften für Stunden oder Tage einzufallen ist ein Verstoß gegen viele Regeln anthropologischer Vorgehensweise. Doch das hat auch Vorteile.

In diesem Buch kommen viele Einheimische zu Wort, mit denen wir zwanglos sprachen und die wir vor der Kamera interviewten. Oft werden sie ausführlich zitiert. Es ist ein seltener Luxus, von seinen Informanten Videoaufnahmen machen zu dürfen. Gewöhnlich wird, was sie sagen, in verstümmelter und behelfsmäßiger Form in die zerfledderten Notizbücher des Ethnographen transkribiert und übersetzt. Aussagen vor der Kamera dagegen sind regelrecht öffentliche Verlautbarungen, zu denen man vielleicht stehen muß wie Politiker zu ihren Reden. Der Ethnograph findet nicht selten Zugang zum Privaten und sogar Unbewußten. Eine Kamera kann eigenartigerweise dazu beitragen, die persönlichsten Gedanken und Vorstellungen ans Tageslicht zu fördern. Denn ist sie ausgeschaltet, scheint die Unmittelbarkeit der Intimität garantiert zu sein. Sobald sie eingepackt ist, wechseln die Menschen automatisch vom gänzlich konventionellen Ausdruck dessen, was sie glauben, denken zu *sollen*, zu offener Rede über das, was sie *wirklich* denken.

Ein anderer wesentlicher Unterschied bei der Arbeit «in der Heimat» betrifft die Machtverhältnisse zwischen Anthropologen und erforschten Menschen. In der Fremde ist es für den

Anthropologen ziemlich leicht, sich über die Identität und Kultur derjenigen, die er studiert, hinwegzusetzen und sie zu verfälschen. In den seltensten Fällen können ihm die Eingeborenen sagen, daß seine Interpretationen falsch sind und sie es besser wissen. Das ist bei der Arbeit in der eigenen Kultur ganz anders. Viele Zuschauer fühlten sich von den Ideen und Kommentaren der Fernsehserie provoziert.

Der Feldforscher und sein Assistent

In anthropologischen Büchern verbirgt sich hinter dem Autor immer eine schattenhafte und weithin verleugnete Gestalt, wie die Ehefrau eines berühmten Mannes – der Assistent des Feldforschers. Der Anthropologe arbeitet gewöhnlich in einer Gruppe, deren Sprache und Interaktionsregeln ihm fremd sind. In der Anfangszeit kann er sich nur mit Hilfe seines Assistenten, der ihn anleitet und seine Taktlosigkeiten bei den Gastgebern entschuldigt, verständlich machen oder es wagen, mit anderen in Kontakt zu treten. Der Assistent des Feldforschers hat zahlreiche und nicht klar umrissene Aufgaben. In unserer eigenen Kultur kommen sie denen eines Kindermädchens am nächsten.

Im vorliegenden Fall war der Feldforschungsassistent unser Cockney-Fahrer, Jim Batchelor, ein Mann, der geradeheraus sagte, was er dachte, klare Ansichten hatte und eindeutig englischer Wesensart war. Der Anthropologe wendet sich anfangs immer an den Assistenten, um sich mit der Sichtweise der Eingeborenen vertraut zu machen. Jim sah die Dinge oft anders als ich, was daran lag, daß er sich ganz und gar in seiner eigenen Kultur bewegte, während ich als Ethnograph schon ein halber Fremder war. So konnte er anläßlich der Heirat, das Thema der ersten Sendung, eine Fülle von Informationen über die Abläufe bei Hochzeiten geben; niemals aber fiel ihm ein zu erwähnen, daß nur Personen verschiedenen Geschlechts heiraten dürfen und jedes Mal nur einen Partner.

Jim sind diese Regeln so vertraut, daß sie ihm unvermeidlich und allgemeingültig scheinen. Ein Anthropologe weiß, daß sie das nicht sind.

Oft arbeiteten wir weitab vom städtischen Umfeld, wo sich Jim am wohlsten fühlt; in solchen Fällen kam auch er sich fremd vor. Bezeichnenderweise jedoch beurteilte er das Verhalten der Menschen um ihn herum weiterhin nach seinen eigenen Maßstäben und fand es «komisch», «sonderbar» oder sogar «unbritisch».

Es ist kaum zu vermeiden, daß sich die instinktiv einheimische Sichtweise des Assistenten verändert, während er für den Ethnographen arbeitet. In einem gewissen Sinn verseuchen alle Anthropologen die Quelle, aus der sie schöpfen. Es ist lächerlich, einem Durchschnittsengländer die Frage zu stellen: «Wie siehst du deinen Körper?» – man wird darauf keine Antwort bekommen. Wenn man einen ethnographischen Informanten danach fragt, ist das vollkommen vernünftig, weil er den verschiedenen Richtungen gefolgt ist, aus denen sich der Ethnograph dem Problem genähert hat, und daher genau weiß, worum es geht. So erzieht sich der Forscher den Informanten, der ihm die Antworten gibt, nach denen er Ausschau hält.

Variation

Anders als Soziologen haben sich Anthropologen kaum darum gekümmert, Verhaltensabweichungen innerhalb einer Kultur zu erklären. Sie malen mit breitem Pinsel eine Landkarte in großem Maßstab. Verbreitet ist darüber hinaus auch die Annahme, daß sich traditionelle Gesellschaften grundsätzlich von unserer eigenen «komplexen» Kultur unterscheiden – daß sie weniger Variation zulassen und homogener sind. Jeder Anthropologe im Feld indes weiß, daß sich die Menschen, mit denen er es zu tun hat, nicht so leicht den Abstraktionen und Verallgemeinerungen der Lehrbücher unterordnen lassen. Da er jedoch nicht an individueller Biographie interessiert ist, fährt er fort zu verallgemeinern. Er handelt so im Glauben, daß Verallgemeinerungen immer auch kleine Lügen sind – doch es ist zu hoffen, daß er dies im Dienst einer höheren Wahrheit tut.

Die englische Kultur hat ihre eigenen Spezialisten hervorgebracht: Soziologen, die uns beibringen, Abweichungen durch Region, Alter und Klasse zu erklären. Klasse ist ein interessantes Konzept unserer Einheimischen, das unglücklicherweise von Soziologen aufgegriffen, quer durch die Kultur angewandt und mit einer heute veralteten Vorstellung von Wissenschaft in Verbindung gebracht wurde, die es auf Allgemeingültigkeit und statistische Daten abgesehen hat. Kein Wunder, daß die «Klasse» der Soziologen wenig Beziehung hat zum intuitiven Wissen der einheimischen Bevölkerung. Das vorliegende Buch ist ausdrücklich nicht *noch* eine Betrachtung über das englische Klassensystem; der Begriff der Klasse spielt hier kaum eine Rolle.

Engländer, Briten und der Rest

Heutzutage werden ethnische Begriffe mit Vorsicht gebraucht. Sie sind umstritten und müssen behutsam mit ehrerbietigen Präambeln abgesichert oder dem Schutz von Anführungszeichen überantwortet werden. Es wirkt provozierend, den Begriff ‹englisch› auch auf Schotten, Waliser und andere Völker des United Kingdom anzuwenden. Die korrekte Bezeichnung, so sagt man uns, sei ‹britisch›. Dem widerspricht der allgemeine Sprachgebrauch vieler Bewohner des Königreichs und des größten Teils der Welt. ‹Englisch› wird gewöhnlich in zweierlei Hinsicht verwandt, einmal, um die Briten dem Rest der Welt gegenüberzustellen, ein andermal, um die Engländer von den übrigen wahlberechtigten Völkern des United Kingdom abzuheben. So erhielten wir von Informanten regelmäßig Aussagen wie: «Ein Brite ist jemand, der in England geboren ist…» Diese Auffassung ist zwar historisch berechtigt, aber gegenwärtig umstritten. ‹Englishness› ist das Wort, *gegen* das viele Völker, die zum United Kingdom gehören, ihre ethnische Eigenart bestimmen. Das Streben nach linguistischer Gleichberechtigung ist Teil des Anspruchs auf einen gleichberechtigten Status.

Die Fernsehserie, auf der dieses Buch beruht, wollte nur die englische Identität ergründen und ging daher absichtlich den Problemen des Regionalismus aus dem Weg. Weil aber ‹englisch› ein volkstümliches Synonym für ‹britisch› ist, treffen viele Aussagen in den Interviews genausogut auf die übrigen Völker des United Kingdom zu. Auf der anderen Seite sprachen einige englische Informanten, nach englischen Angelegenheiten befragt, ausdrücklich von «den Briten». Daher könnten Versuche, sich *nur* auf die Engländer zu konzentrieren, als Ausbruch wilder nationalistischer Leidenschaft gewertet werden, die Vorurteile gegenüber den Eigenarten anderer Teile des United Kingdom pflegt und sie als zweitrangig abtut. Das war nicht unsere Absicht, wirft aber in der Tat ein Licht auf einen interessanten Aspekt englischer Identität und ihren seltsam problematischen Status.

ZEITGENÖSSISCHE ENGLISCHE MYTHEN

«Der Abscheu vor dem ‹Malerischen› und vor ‹pittoresken Stücken›, den jeder anständig gebaute Engländer empfindet, ist im Grunde eine sehr insulare Voreingenommenheit. Sie hat sich als natürlicher Selbstschutz gegen das Kunstgewerbliche entwickelt, gegen die Bewahrung des ländlichen Englands und den Erhalt von Denkmälern aus alter Zeit und die Umsiedlung von Tudor Cottages und das Sammeln von Zinn und alter Eiche und den umgestalteten Pub und den Alten Gasthof...»

Evelyn Waugh, *Labels*

Das erste, was einem auffällt, wenn man von irgendeinem Flecken auf der Welt außerhalb Osteuropas in englische Städte zurückkehrt, ist, daß die Menschen hier so unglückselig aussehen. Dafür könnte es eine Reihe von Erklärungen geben, einige aber bieten sich sofort an:

1. Der englische Gesichtsausdruck der Entspannung sieht zufällig so aus wie der bedrückter Unzufriedenheit in anderen Kulturen. Die traurigen Seelen in englischen Städten haben einfach «abgeschaltet».
2. Der englische Thermostat der Emotionen ist in gewissem Sinn niedriger eingestellt, so daß die Einheimischen entweder weniger Gefühle haben oder sie zumindest weniger offen zeigen.
3. Die Mimik ist nicht überall gleich, sondern wird im Rahmen einer Kultur gelernt. Daher sollte ein Außenstehender nicht vom Gesichtsausdruck auf den inneren Zustand schließen. Die englische Mimik ist einfach anders.
4. Die Engländer *sind* bedrückt und haben vielleicht allen Grund dazu.

Es ist sehr schwer herauszufinden, wie Menschen in fremden Kulturen *fühlen*. Man kann nie sicher sein, ob man die Worte für Gefühle genau versteht, und es hilft auch nicht zu beobachten, was die Menschen dabei *tun*. In manchen Kulturen ist es nicht ungewöhnlich, vor Freude zu weinen oder vor Kummer zu singen. In diesem Bereich hat der Ethnograph auf heimischem Boden einen entscheidenden Vorteil. Er muß sich keine Sorgen um die Verständigung machen und unterstellt einfach die übliche Bedeutung eines Gesichtsausdrucks *innerhalb* seiner eigenen Kultur.

Selbst die oberflächlichste ethnographische Untersuchung legt nahe, daß wahrscheinlich alle oben genannten Erklärungen in einem gewissen Grade zutreffen. Man wird auf Informanten stoßen, die der einen oder anderen Erklärung ohne Zögern zustimmen. Doch überraschend ist, daß viele Einheimische, wenn man sie danach fragt, gar nicht davon ausgehen, glücklich zu sein. Sie sprechen von der Hektik ihres

Lebens, von Arbeit und Arbeitslosigkeit, vom Pendeln zur Arbeitsstelle und vom ewigen Kampf mit dem Geld; kurz, sie empfinden ihr städtisches Dasein als «unnatürlich». Sie erzählen viel von «Druck» und «Streß», und Ärzte weisen immer wieder auf die Folgen unserer unnatürlichen Lebensweise hin: Müdigkeit, Impotenz, Krebs. Er scheint klar, daß sie irgendein Bild vom «natürlichen» Leben im Kopf haben müssen.

Das ist ein verblüffendes Phänomen. Die meisten traditionellen Völker erwecken den Eindruck, daß sie ihre Lebensweise als herrlich «natürlich» und zugleich zwangsläufig betrachten. Sie führen ihr Leben so, weil es der einzig vernünftige Weg ist zu leben. Für englische Stadtbewohner dagegen scheint sich ein naturgemäßes Dasein völlig jenseits ihrer eigenen Lebensweise zu befinden. Es liegt an zwei anderen Orten:

1. gänzlich außerhalb unserer Kultur, in den Zonen, wo das freie Reich der Anthropologie beginnt und ein Phantasieparadies errichtet werden kann;
2. auf dem Land.

Das Land ist mehr als ein Ort, es stellt einen Wert dar, das Gute schlechthin. Der Status der ländlichen Gebiete Englands läßt sich eindeutig an der Entschlossenheit vieler ablesen, sich immer dann dort aufzuhalten, wenn sie die Arbeit nicht in der Stadt festhält. Ganze Dörfer sind heute Wochenend-Refugien oder Ruhestands-Gettos. Ungeachtet dessen, daß sie in der Stadt geboren wurden, sprechen Menschen davon, aufs Land «zurückzugehen». Und obwohl die ländlichen Gegenden Englands fast überall von Menschenhand geprägt sind, bestehen ihre Anhänger auf ihrer vollendeten «Natürlichkeit».

Heutzutage gilt etwas als wertvoll, wenn es bedroht scheint. Dann finden sich mit Sicherheit Menschen zusammen, die es erhalten und schützen wollen und in seinem Namen Propaganda machen. Wie Pilze sind derartige Vereine aus dem englischen Landboden geschossen. Ein weiteres Kennzeichen fundamentaler Werte ist, daß die Informanten nicht genau sagen können, *warum* diese Dinge wesentlich sind. Die Frage, wieso das Land eine dermaßen große Bedeutung hat, erweckt den Eindruck böswilliger Beschränktheit – als hätte man jemanden gefragt, warum er nicht von einem Hai gefressen werden möchte.

Der Wert des ländlichen Raumes bemißt sich an der «natürlichen» Lebensweise, die andernorts verlorengegangen ist. So gesehen, gleicht der Weg aufs Land einer Reise in die Vergangenheit, einer Suche nach den eigenen mythischen Wurzeln. Im Grunde ist der Engländer ein unverbesserlicher Evolutionist. Jeder Anthropologe weiß, daß außerhalb seines Berufsstandes alle meinen, daß er zu einer «Entwicklungsstufe» zurückkehrt, die wir längst hinter uns gelassen haben, wenn er in einem afrikanischen Dorf eine Zeitlang lebt. Das gilt nicht nur für die Technologie, sondern auch für soziale Beziehungen und menschliche Eigenschaften.

Eine nähere Betrachtung jedoch zeigt, daß wir nicht nur mit einem, sondern mit zwei Mythenkreisen leben. Sie sind zwar völlig entgegengesetzt, aber ein Informant kann mühelos von einem zum anderen übergehen, vor- und zurückspringen, ganz wie er will. Evelyn Waugh, den ich zu Beginn dieses Kapitels zitierte, war sich deutlich bewußt, daß jeder Mythos in zwangsläufiger Dialektik sein Gegenteil hervorbringt.

Die Sichtweise der Ersten Welt ist im Grunde romantisch. Sie schätzt das Alte, das Traditionelle, das «Natürliche». Ihre bevorzugten Gegenstände sind antik oder handgemacht statt maschinell hergestellt. Nicht konstruiert sein sollten die Dinge, sondern gleichsam über Jahre und Jahrzehnte organisch wachsen und in einer Lebensform ruhen. Was ihr Dasein rechtfertigt, ist somit nicht die Vernunft, sondern die Geschichte. Es ist nicht aus der Luft gegriffen, daß ein englischer Fabrikbesitzer, der Eindruck schinden will, eher eine altertümliche Maschine aus Großvaters Zeiten vorführt als seine nagelneue. Die heiligen Stätten dieses Mythos sind – natürlich – Museen und Monumente aus alter Zeit. Sie bevölkern,

da die Engländer ihre Vergangenheit als Ziel ihrer Sehnsucht betrachten, die Vorstellung, die sie sich von England als einem Disney-World-Themenpark machen.
Der zweite Mythos ist modernistisch und technologisch. Wert hat aus dieser Sicht nur das Allerneuste und Aktuellste, alles, was als Designerprodukt betrachtet werden kann. All diese Gegenstände sind bunt, geometrisch und maschinell hergestellt – ohne menschliche Spuren oder Alterserscheinungen. Solch ein Mythos hat auch seine Heiligtümer, Cape Canaveral und Beaubourg zum Beispiel, nennt aber keinen bestimmten Ort sein eigen – außer in der Science Fiction, die ihn in eine gestaltlose Zukunft projiziert.
In der englischen Kultur werden beide Mythen voll ausgeschöpft, dabei kann sich ein und dieselbe Person auf den gleichen Gegenstand berufen. Wer einen Oldtimer fährt oder das neueste Modell mit allen Extras, wird beneidet, während man mit dem Modell vom letzten Jahr eine alltägliche Figur abgibt.
Man sieht in solchem Mythenspringen keinen Widerspruch. Mythen konkurrieren nicht notwendigerweise miteinander und sind auch nicht das Gegenteil von Wahrheit. Indes können sie durchaus wahr sein. Wahrheit ist jedoch weitgehend irrelevant für sie, weil sie nur Einzelheiten in eine Ordnung bringen, ohne externe Vergleiche zu ziehen. Diese Mythen bilden den Hintergrund für das erste Kapitel des Buchs und werden an anderer Stelle wieder aufgegriffen.

Eine Hochzeit auf dem Lande

Auf einer Hochzeit kann man soziale Beziehungen wie eine Landkarte der Gegend studieren. Bei diesem wichtigen rituellen Ereignis, das sich im zeitgenössischen Leben erhalten hat, werden Verwandtschafts- und Freundschaftsverhältnisse neu definiert und der Öffentlichkeit vorgeführt. Hier erhält man den besten Einblick in das soziale Leben der Landbevöl-

kerung. Wir besuchten das Dorf Smallwood in Cheshire, um ein solches Fest zu erleben.
Smallwood ist ein merkwürdiges Dorf, da ihm ein Zentrum zu fehlen scheint. Historisch ist das erklärbar, weil es hier nie einen großen Landsitz gab, um den sich ein Kern hätte bilden können; die Gegend bestand nur aus kleinen *freeholdings**. Wenige sind über 200 Acre groß. Infolge kürzlicher EG-Beschlüsse ist man dabei, die Milchwirtschaft erheblich zu reduzieren; die meisten Bauern betreiben heute eine Mischung aus Ackerbau und Mastviehhaltung (sie kaufen Kälber, mästen sie und verkaufen sie zum Schlachten). Die geschichtliche Entwicklung dieser Gegend hat einen robusten Individualismus hervorgebracht. Doch einem Stadtbewohner fällt sofort ein ausgeprägter Sinn für Kontinuität und Gemeinschaft auf, der im Verlauf unserer Filmarbeiten immer deutlicher zutage trat. Der Brautjunge entpuppte sich als Sohn des Fleischers, den wir im Schlachthaus antrafen. Der Organist stellte sich als der Bauer heraus, mit dem wir ursprünglich über das Springreiten sprechen wollten. Die Namen, die in den Interviews fielen – Ford, Jepson, Bracegirdle – fanden wir auch auf den Grabsteinen im Hof der Kirche, in der die Hochzeit stattfinden sollte. Es war typisch, daß einige Frauen, die wir im Women's Institute** gefilmt hatten, ins Bild liefen und Blumen auf die Gräber legten, während wir vor der Kirche drehten. Jim Batchelor wurde unmittelbar an das alte Eastend erinnert, das es nicht mehr gibt. Aufs Land zu fahren war für ihn eine Reise in die vergangene Zeit. Das Dorf spiegelt die traditionellen Bindungen wider, die das öffentliche Leben geformt haben. Die Schule steht genau neben der Kirche; das Gemeindehaus liegt gegenüber. In Smallwood gibt es vier Pubs. Die meisten sind Gasthöfe, die sich dem vorüberziehenden Geschäftsreisenden anbieten, weil sie an der Hauptstraße liegen. Schwerer zu finden ist das Blue Bell, das eindeutig als «Kneipe» zu erkennen ist.

* freies Bauerngut, hist. Freisassengut – ** Frauenvereine auf dem Lande

Der Pub

In vielen Gesellschaften gibt es einen Ort, der so etwas wie einen neutralen Boden darstellt, wo sich die Menschen öffentlich und ohne die Strapazen treffen können, die das häusliche Terrain einer anderen Person mit sich bringt. In Westafrika liegt dieser Platz unter dem Versammlungsbaum des Dorfes. In England ist es der Pub. Sein voller Name Public *House* ist bezeichnend. Auch wenn der Aufenthalt an solchen Orten für Angehörige der englischen Kultur ungemein natürlich und unproblematisch erscheint, gehört doch eine gewaltige Menge kultureller Informationen dazu, um sich in diesem Rahmen angemessen zu verhalten.

Pubs sind das Kerngebiet des Ethnographen; hier begannen wir auch mit unserer Arbeit in Smallwood. In der Kneipe sind die Menschen entspannt und zum Reden aufgelegt. Man muß sie nicht erst ausfragen oder bedrängen, damit sie über wesentliche Angelegenheiten und Probleme sprechen. Das «öffentliche Haus» verweist auch auf die wesentliche Rolle des privaten Heims mit den entsprechenden Vorstellungen von Ungestörtheit und Zurückgezogenheit, die wir in einem späteren Kapitel betrachten werden.

Obgleich öffentlich, ist ein Pub nicht ohne innere Gliederung. Hier kann man gut beobachten, wie die Engländer miteinander umgehen, wie sie Mauern errichten und auch Brücken schlagen. Das Blue Bell in Smallwood bietet eine Reihe kleiner Bars, an denen jeweils eine andere Kundschaft versorgt wird.

Bob Slack (Wirt): «Die Stammgäste versammeln sich an der Bar im Schankraum. Im nächsten Zimmer... nicht in dem ganz am Ende, trifft man die jüngeren Leute. Die zieht es dahin. Die Stammgäste in der Bar dort und die in dieser – das sind unterschiedliche Typen, hier Geschäftsleute, da die jungen Arbeiter. Ja, und dann noch die Leute, die in die Lounge gehen – das sind gewöhnlich solche Stammgäste, die bloß einen Besuch machen.»

Nigel Barley: «Aber Sie dirigieren die Leute nicht, oder? Die wissen einfach Bescheid?»
Bob: «Ja, das ergibt sich eben und ist immer so gewesen.»
Die Engländer ordnen sich automatisch in verschiedene Kategorien ein, die vermutlich von Insidern und Outsidern gleichermaßen anerkannt werden, und bedienen sich dabei einer Fülle zarter Hinweise: harte statt weiche Stühle, mit oder ohne Kamin, Blumen auf den Tischen und so weiter.
In den Bars bilden sich Gruppen für den Austausch von Getränken, in denen jeder reihum eine «Runde» auszugeben hat. Dieser soziale Aspekt des Trinkens ist so dominant, daß das einsame Trinken von vielen zwangsläufig als Anzeichen drohenden Alkoholismus eingeschätzt wird. Ob man in die Runde einbezogen wird oder nicht, heißt, daß einem eine soziale Beziehung angeboten oder verweigert wird. Wenn man sich vor seiner Runde drückt, einen angebotenen Drink ohne guten Grund ablehnt oder jemand «vergißt», wird man zum Gegenstand allgemeinen Geredes – und das in einer öffentlichen Arena, in der Urteile darüber gefällt werden, was man für ein Mensch ist und welche Rolle man in der Gemeinschaft spielt. Unnötig zu erwähnen, daß die Getränke zur Person passen müssen und daß in einem englischen Pub eine komplizierte Grammatik zwischen männlichen und weiblichen Getränken unterscheidet. So kann man gefragt werden, ob ein halbes Pint Bier für Mann oder Frau bestimmt ist, weil das den Ausschlag gibt für die Sorte Glas, die man wählt.
An diesem Ort entscheidet sich häufig, ob dem Gesuch um einen Insiderstatus stattgegeben wird. Wie in vielen englischen Dörfern trennt man auch in Smallwood zwischen Insidern und Outsidern. Menschen, die im Dorf geboren sind, gehören aufgrund ihrer Geschichte und ihres Wohnsitzes zur Gemeinschaft. Andere müssen sich darum bemühen, akzeptiert zu werden. Einige heben hervor, wie wichtig der Pub ist, um in das Dorf aufgenommen zu werden.
Keith Woolley zum Beispiel zog erst vor kurzem hierher. Zusammen mit seiner Frau Michelle hat er den Dorfladen über-

nommen. Davor arbeiteten sie beide als Angestellte in der Industrie, wollten aber «zurück» aufs Land. Keith muß viel herumfahren, um den Laden in Gang zu halten. Wenn er die abgelegenen Farmen mit Waren beliefert, sieht er sich unversehens zu vielen guten Taten herangezogen, zum Beispiel Holzhacken für alte Damen. Doch entscheidend für die Integration in das Dorf scheint der Pub zu sein.

Nigel Barley: «Wie haben Sie es angefangen, daß man Sie in die Gemeinschaft aufgenommen hat, und was war dabei für Sie entscheidend?»

Keith: «Womöglich der Pub.»

Nigel Barley: «Sind Pubs wichtig?»

Keith: «Ja, für mich schon. Ich trinke gern mal ein Glas Bier. Ich schaue dort vorbei und schwatze mit den Leuten.»

Es ist bemerkenswert, daß Keith, anders als sein Interviewer, nur an *einen* Pub denkt. Die Menschen in Smallwood halten jeweils einem Pub die Treue, und es ist fraglich, ob die Stammkunden eines Pubs jemals woanders einen trinken gehen.

Der Pub ist natürlich mehr als nur ein Ort, wo man trinkt. In Smallwood wird ein Fußballteam, ein Golfverein und ein Segelklub von hier aus gemanagt. Tatsächlich betrachten alle im Pub Trinken nicht als nennenswerte Beschäftigung.

Bob: « . . . Ich habe hier Leute sagen hören, daß sie seit Weihnachten kein Bier daheim getrunken haben – das würde ihnen im Traum nicht einfallen. Sie gehen einfach eine halbe Stunde, bevor der Pub schließt, raus, trinken ein paar Halbe und halten einen Schwatz. Das ist ihnen lieber, als an einem Winterabend drinnen zu sitzen.»

Im Blue Bell treffen sich jeden Montag auch die Jungen Farmer, eine Vereinigung, deren Name für sich spricht, um Domino zu spielen – die verheirateten Männer bekommen von ihren Frauen die Erlaubnis auszugehen. Hier finden wir den Bräutigam unserer bevorstehenden Hochzeit. Die reine Männergesellschaft und eine drohende Heirat verwandeln das Zusammensein in eine kleinere Version des Junggesellenabends, der schon stattgefunden hat.

Peter Barlow ist 29 Jahre alt und wird die vierundzwanzigjährige Janet Moss, die Tochter seines Arbeitgebers, bei dem er seit zehn Jahren tätig ist, heiraten, nachdem sie nun zwei Jahre verlobt sind. Es soll eine große, kirchliche Hochzeit werden, mit einem riesigen Festzelt auf dem Bauernhof der Eltern der Braut. Man hat keine Kosten gescheut; das Brautpaar hält sich auf angemessene Weise zurück. Die dominierende Figur ist eindeutig der Vater der Braut, Philip Moss.

Philip bewirtschaftet einen Bauernhof und besitzt einen erfolgreichen Handel mit landwirtschaftlichen Maschinen und Zubehör. Er ist extrovertiert und weiß sich Gehör zu verschaffen. Wird über ihn im Dorf gesprochen, grinsen die Leute oft und beschreiben ihn als «einen ziemlichen Draufgänger» oder etwas in dieser Richtung. Einerseits scheinen sie zu mißbilligen, daß er die herkömmliche Arbeits- und Lebensweise umgestoßen hat, andererseits bewundern sie seinen wirtschaftlichen Erfolg und seine Gewinnernatur. Philip macht keinen Hehl daraus, daß er die Kosten für die Hochzeit als eine öffentliche Bekundung begreift, wieviel ihm seine Tochter wert ist – ein modernes Äquivalent der Mitgift.

Philip: «Manch einer mag das als Geldverschwendung betrachten. Ich aber sehe das anders, weil sie ja – hoffentlich – nur dieses eine Mal heiraten wird. Man kann natürlich auch zu weit gehen, und dann wird es finanziell ein bißchen lästig – doch wenn die Tochter nicht einmal eine anständige Hochzeit wert ist …»

Der Hinweis auf eine zweite Eheschließung kommt nicht von ungefähr. Peter, der Bräutigam, *war* schon einmal verheiratet und ist geschieden. Dennoch hat man sich auf eine kirchliche Heirat geeinigt; getraut werden sie von einem ehemaligen Vikar der Ortskirche, der ein Freund der Familie ist.

Peter arbeitet im Maschinenhandel seines zukünftigen Schwiegervaters und hat dort eine leitende Stellung inne. Das ist die Haupteinkommensquelle des jungen Paares; dennoch bestehen Peter und auch sein Arbeitgeber darauf, daß sie *eigentlich* Farmer sind.

Philip: «Ich bewirtschafte den Hof, weil ich in erster Linie Bauer bin, als Sohn eines Bauern geboren und aufgewachsen, und mir gefällt es – es gibt nichts Schöneres für mich, wissen Sie, als am Ende des Tages, an dem das Telefon wieder fünfzig oder sechzig Mal geklingelt hat, einen Stock in die Hand zu nehmen, loszugehen und nach dem Vieh zu sehen ... Die Maschinen sind das Geschäft, und auf der Farm, wissen Sie, kann man wunderbar abschalten und alles etwas lockerer sehen. Probleme gibt es hier wie überall, aber es tut sehr gut, aufs Land hinauszukommen, wo man so etwas wie Entspannung findet.»

Peter stimmt dem zu; er hält sich sogar eine kleine Zuchtherde preisgekrönter Rinder – «aus Interesse».

Nigel Barley: «Sind das Ihre Rinder?»

Peter: «Allerdings. Das ist mein Hobby ...»

Nigel Barley: «Was machen Sie damit? Sie mästen und verkaufen?»

Peter: «Im Moment sind sie alle trächtig, außer der kleinen da.»

Nigel Barley: «Dann züchten Sie also wirklich? Warum? Ist damit mehr Geld zu machen?»

Peter: «Es bringt mehr Freude. Mehr Befriedigung, was mich betrifft... Ich würde gern etwas weniger im Maschinengeschäft arbeiten. Es nimmt mich im Augenblick zu sehr in Anspruch. Der Betrieb ist sehr groß, und man muß seine ganze Zeit dort verbringen.»

Nigel Barley: «Ist das in der Landwirtschaft nicht genauso?»

Peter: «Ja schon, aber in der Landwirtschaft gibt es Zeiten, wo viel zu tun ist... und dann wird es wieder weniger. Man hat zwar immer noch viele Dinge zu erledigen, steht aber nicht unter Druck, während im Maschinengeschäft Dauerstreß herrscht, der einen niemals losläßt.»

Man könnte hier an zwei Stadtbewohner denken, die über das

Land und ihren Wunsch sprechen, dorthin «zurückzukehren». Die Soziologie will uns weismachen, daß solche Anschauungen und Bedürfnisse zu einer bestimmten Gruppe von Menschen gehören. Daher war es überraschend festzustellen, daß sich eine solche Einstellung nicht auf den romantischen Städter beschränkt.
Erwähnenswert ist weiterhin, daß die Braut, Janet, den Mythos vom Landleben auf überraschende Art untergräbt. Sie besitzt einen Marktstand und verkauft dort Eier, Käse und andere Milchprodukte, die sie in möglichst natürlicher Form präsentiert. Große Käseblöcke werden vor den Augen der Kunden aufgeschnitten – mit geschickten und sparsamen Bewegungen, die ständige Übung verraten. Doch Janet stellt diese Produkte nicht etwa in einer holzgetäfelten Landküche her, sondern bezieht sie in Mengen von örtlichen Molkereibetrieben. Ansprechende Verpackung bedeutet für sie, die Plastikhüllen zu *entfernen.*

Hochzeit

Wie alle institutionellen Handlungen ist eine Hochzeit ein durch und durch geregelter Vorgang. Die innere Struktur, die sich daraus ergibt, hat vermutlich nur wenig mit den Bedürfnissen der Individuen zu tun, die daran teilnehmen.
Die erste und augenfälligste Regel ist, daß sich Braut und Bräutigam nah, aber nicht zu nahe kommen dürfen. Eine Hochzeit innerhalb der Kernfamilie ist nicht erlaubt. Nach englischer Tradition sollte man innerhalb der eigenen sozialen Schicht, Altersgruppe und Rasse heiraten. In gläubigen Zeiten praktizierte man religiöse Endogamie. Früher bedeutete das angesichts der beschränkten religiösen Bandbreite in Smallwood, daß Methodisten und Anglikaner nicht heiraten sollten. Ich fragte Joe Jepson, der immer in Smallwood gelebt hat:
Joe: «Man sollte eigentlich keinen Außenstehenden heiraten.

Die Religion war damals viel mächtiger, und man befehdete sich geradezu aus solchen Gründen.»
Auch die Gegend war ein hemmender Faktor. Farmer Leonard Ford sagt dazu:
«Meine Frau stammt aus Nantwich, einem Dorf mehr als zwanzig Meilen von hier entfernt.»
Nigel Barley: «Das ist ein weiter Weg, nicht wahr?»
Leonard: «Nun, Sie werden feststellen, daß die Dörfer eng miteinander verbunden sind. Vor langer Zeit aber hatten die Leute nur Fahrräder und fuhren daher nicht sehr weit, um ihre zukünftigen Frauen zu finden. Es war einfach unerhört, sich zwanzig Meilen weit entfernt umzusehen. Zum Glück stammt sie von einem Bauernhof ...»
Heutzutage ist die Entfernung natürlich kein Problem mehr. Die Leute haben Autos, und Smallwood liegt nah an einer Autobahn. Doch man bevorzugt weiterhin Heiraten zwischen «Insidern», was man mit einem gewissen Wohlwollen hervorhebt. Einige drückten sich so aus: «Smallwood bleibt eben Smallwood.» Allgemein war man der Auffassung, daß der Verein der Jungen Farmer viele Paare mit bäuerlichem Hintergrund in der Gegend zusammengeführt hat und der beste Weg ist, den passenden Partner zu finden. Die Heirat von Janet und Peter wird als eine unter Einheimischen betrachtet.
Eine Hochzeit kann als ein wichtiger Übergangsritus angesehen werden, der die Menschen aus einem Kulturstatus in den anderen bringt. Ob standesamtlich oder kirchlich, es ist ein verbindendes Ritual, aus dem die Menschen rechtlich, emotional und kulturell verändert hervorgehen. Bei Ritualen dieser Art ist es oft Brauch, die Elemente zu trennen und voneinander abzugrenzen, bevor man sie vereint. So erklären sich vermutlich die «Hirsch- und Huhnabende».
Das sind besondere Abende, die Braut und Bräutigam getrennt mit gleichgeschlechtlichen Freunden verbringen – gewöhnlich einen Tag vor der Hochzeit. Nach alter Tradition sollte sich das Paar danach bis zur vereinbarten Stunde vor der Kirche oder dem Standesamt, wo sie getraut werden, nicht

mehr sehen. Wenn wir aus der Alltagswelt in eine besondere, rituelle Zeit eintreten, wechseln wir die Kleidung und verhalten uns anders. Diese Nächte, im Volksmund «Hirsch- und Huhnabende» genannt, betonen eindeutig die animalische Natur des Menschen. Trunkenheit ist obligatorisch, Obszönes, sogar Nacktheit erlaubt. Die Freunde spielen dem Bräutigam Streiche, die in jedem anderen Kontext schlicht als gemein und verletzend angesehen würden. Das Paar wird bedrängt, sich noch einmal «auszutoben», bevor es sich die Fesseln der Ehe anlegen läßt – auch sexuelle Freiheiten sind erlaubt. Wenn solche Abende nicht in lärmenden Ausschweifungen enden, an die man sich nur verlegen erinnert, kann man sie getrost als Reinfall betrachten.

Der Tag der Hochzeit ist völlig anders. Braut und Bräutigam haben sich in Schale geworfen und benehmen sich hervorragend. An diesem Tag wird der Stand der Dinge durch die Macht von Urkunden und der Bilder des Fotografen bestimmt und festgehalten. Was sonst noch in der Kirche geschieht, verblaßt neben der Tatsache, daß die Braut mit ihrem Vater und seinem Nachnamen die Kirche betritt und sie mit ihrem Ehemann und dessen Namen wieder verläßt.

An diesem Tag ißt man üppig und kleidet sich prächtig. Gladys Bennett, die diese Hochzeit ausgerichtet hat, erläutert das Menü.

Gladys: «Bei der Ankunft gibt es einen Cocktail mit einer Auswahl feiner Hors d'œuvres – danach sollten alle in den herrlichen Sonnenschein hinausgehen. Wenn sie zum Essen zurückkehren, findet die Begrüßung statt, und am Tisch wird Wein ausgeschenkt. Zum Auftakt gibt es Melon Portelle, danach Spargelsuppe – Philip bestand trotz des Wetters auf Suppe, dann folgen frischer Lachs, Roastbeef und gebratener Truthahn, eine Auswahl an Salaten, Süßspeisen, Käse mit Staudensellerie und zum Abschluß Kaffee.»

Das ist eine mehr als komplette Mahlzeit, mit Hauptgängen, die normalerweise nur als Alternativen in Frage kämen. Auch reicht man Suppe *und* Vorspeise. Traditionsgemäß wird

Champagner getrunken – die überschwenglichste und kostspieligste Variante des Weines –, obgleich man heute auch jeden billigen Schaumwein nehmen kann, der an Champagner denken läßt. In diesem Fall haben wir es mit Symbolen von Symbolen zu tun. Die prächtige Kleidung und das Geschirr sind zum großen Teil nur für diesen Tag ausgeliehen.

Die alltäglichsten Gegenstände gewinnen Bedeutung und werden sorgfältig verschönert. Sogar das Transportmittel, das die Braut zur Kirche bringen soll, muß etwas «Besonderes» sein. Darunter versteht man gewöhnlich, daß sie in einem großen und geschmückten Wagen ankommt – entweder in einem schwarzen (offiziell) oder in einem weißen (bräutlich). Seltsamerweise gibt es bei englischen Hochzeiten für die Gestaltung dieses sonderbaren Transportmittels einen großen Spielraum – ganz im Gegensatz zu dem übrigen, streng geregelten Geschehen, vor allem der Trauung. Einfalls- und Erfindungsreichtum können sich entfalten, und die Bräute dürfen durchaus in Heißluftballons niederschweben oder auf Tandems vorfahren. In unserem Fall kam die Braut in einer offenen, blumengeschmückten Kutsche an, die von den preisgekrönten Shirehorses ihres Großvaters gezogen wurde – eine Hommage an die traditionellen Werte des Landes.

Die Kleidung, die wir tragen, dient dazu, Ereignisse zu klassifizieren. Über den Daumen gepeilt, gilt die Regel: je formeller der Anlaß, desto größer die Anzahl der Kleidungsstücke, die man trägt. Hochzeiten sind höchst formelle Ereignisse, was unterstrichen wird, indem man Hüte, Handschuhe, Westen und Blumen im Knopfloch trägt – Dinge, die im Alltag weitgehend entbehrlich sind. Der Gegensatz zu den «Hirsch- und Huhnabenden», die sich durch große Ungezwungenheit der Kleidung und sogar durch Nacktheit auszeichnen, könnte kaum deutlicher sein.

Während der Aufzug des Bräutigams ziemlich eintönig ist, hat die Braut mehr Variationsmöglichkeiten. Die Informanten waren sich einig, daß das Kleid prächtig wirken und aus der Braut eine «Joan Collins für einen Tag» machen sollte. Es sollte weiß sein, was im allgemeinen auf die sexuelle Unberührtheit der Braut bezogen wird. Die Unschuld des Bräutigams ist in der englischen Kultur kein Thema. Der englische Symbolismus ist recht eindeutig, schwerfällig und zeremoniell und beruht auf einer schlichten Auffassung von der Bedeutung des Wortes. Die Grundvorstellung ist, daß Symbol A eine Idee B «bedeutet», «darstellt» oder «ist». So bedeutet, repräsentiert oder ist die weiße Farbe des Brautkleides Reinheit. Andere Interpretationen sind möglich. Doch das prächtige Kleid der Braut kann nicht isoliert betrachtet werden; es gehört zum Festessen und dem formellen, aber säkularen Geschehen der Hochzeit, das auf die religiöse Zeremonie in der Kirche folgt.

Die Sitzordnung unterscheidet beim Empfang zwischen der erhöhten Tafel für «die Familie», die heute die näheren angeheirateten Verwandten einschließt, und den übrigen Gästen. Zwischen der Familie und den anderen findet die Unterhaltung nur auf der offiziellen Ebene der Ansprachen und Toasts statt. Den Mittelpunkt des Ereignisses bildet das Anschneiden des Hochzeitskuchens.

Wäre ein fremder Ethnograph, zum Beispiel vom Mars, bei diesem Fest anwesend, würde er zweifellos den Hochzeitskuchen als herausragendes Symbol erkennen. Er würde ihn fotografieren und mit anderen Beispielen vergleichen. Er würde vielleicht viele solcher Kuchen zu Ausstellungszwekken in seine Heimat mitnehmen wollen und sich über die mangelnde Bereitschaft der Eingeborenen beklagen, sie ihm zu verkaufen. (Der englische Hochzeitskuchen ist mit Erfolg und gewissen Veränderungen in viele fremde Kulturkreise exportiert worden. In Ostafrika findet man zwei Hochzeitskuchen, einen von der Familie der Braut, den anderen von der des Bräutigams. In Malaysia habe ich hölzerne Hochzeitskuchen gesehen, die man an der Rückseite aufklappen konnte und die in Zellophan verpackte Obstkuchenstücke enthielten.)

Die Informanten waren sich einig, daß ein Hochzeitskuchen

für das Fest unentbehrlich ist, konnten aber nicht genau sagen, *warum*.

Gladys Bennett: «Der Kuchen ist sehr wichtig. Er nimmt den Ehrenplatz in der Mitte des Saals ein. Vermutlich, weil es immer so war. Ich will damit sagen, daß es seit Generationen einen Hochzeitskuchen gegeben hat, nicht wahr? Er gehört zum Ritual. Man *muß* einen Hochzeitskuchen haben... Als allererstes werden die Frauen morgen nach dem Kuchen sehen, wenn sie das Zelt betreten – alle Frauen. Die Männer kümmern sich natürlich nicht darum, sie nehmen inzwischen einen zur Brust.»

Nigel Barley: «Und alle geben ihre Kommentare ab?»

Gladys: «Oh ja, alle geben ihre Kommentare ab. Ja, so ist das.»

Eine bei den Einheimischen beliebte Ansicht war, daß der Kuchen «Fruchtbarkeit» symbolisiere. Es bedurfte nur eines zarten Hinweises darauf, daß das Anschneiden des Kuchens auf den Vollzug der Ehe verweisen könnte, um von den Informanten kichernde Zustimmung zu erhalten. Eine solche Deutung verlangte, daß sowohl die Braut als auch der Kuchen weiß und reich geschmückt waren. In unserem Fall war die Torte selbstgebacken und nur zum Glasieren weggegeben worden. Sie war *nicht* weiß, sondern mit pfirsichfarbenen Papierkrausen verziert, die nicht nur zu den Kleidern der Brautjungfern, sondern auch zu den Tischtüchern, Tapeten und Servietten der Hochzeitsfeier paßten. Die heimatliche Symbolik war den Vorstellungen von allgemeiner Farbharmonie eines Designers, Bedeutung bloßem Stilempfinden gewichen.

Das Anschneiden des Kuchens markierte deutlich den Übergang in ein derberes Stadium des Festes, wo mit Anspielungen auf die künftigen Früchte der Ehe um sich geworfen wurde. Die sexuelle Bedeutung des Kuchens wurde dadurch unterstrichen, daß man sich auf den Brauch berief, wonach der obere Ring für die Taufe des ersten Kindes aufgehoben wird. Andere bemerkten, daß es bei silbernen oder goldenen

Hochzeiten ähnliche Torten gäbe – daher würde der Kuchen auf diese Ereignisse vorausweisen und die Dauerhaftigkeit der Beziehung symbolisieren. Soziologisch betrachtet, scheint es sehr bedeutsam zu sein, daß alle von dem Kuchen essen. Er wird jedermann angeboten und wie eine Art feierliches, aber weltliches Abendmahl gemeinsam eingenommen. Für Freunde, die nicht zu dem Fest kommen konnten, hebt man Stücke auf.

Unser fiktiver Ethnograph vom Mars würde weiter forschen und herausfinden wollen, ob Kuchen auch bei anderen Anlässen im englischen rituellen Zyklus eine Rolle spielen. Bald würde er entdecken, was uns kein Informant unaufgefordert erzählte, daß die englische Kultur eine Reihe festlicher Kuchen anbietet – Weihnachtskuchen, Geburtstagskuchen und den kleinen, kargen Pfannkuchen zu Ostern (der sich zu den Festtagstorten verhält wie Arm zu Reich und mit der Askese der Fastenzeit in Verbindung gebracht wird). Den Weihnachtskuchen könnte er vermutlich als Geburtstagskuchen für Jesus Christus bestimmen, auch wenn Informanten eine solche Analyse seltsam vorkäme. Vielleicht fiele ihm noch ein zu fragen, ob es auch bei Beerdigungen Kuchen gäbe. «Nein», würde man ihm antworten. «Kuchen nicht, nur kalte Platten.» Daß letzteres eine passende Speise wäre, verstünde sich von selbst. Die Informanten könnten noch hinzufügen, daß Champagner und Gruppenfotos bei einer Zeremonie der Trauer und Trennung empörend und fehl am Platz wären, womit wir uns noch später beschäftigen werden.

Jim, mein Feldassistent, wies all diese ausgefeilten Versuche, den Hochzeitskuchen in umfassende Klassifikationsmuster von Ereignissen in der englischen Kultur einzubetten, zurück. Er nannte sie «weit hergeholt».

Der Hochzeitskuchen wirft ähnliche Schwierigkeiten auf wie viele Schlüsselsymbole der englischen Kultur. Ein Symbol wird allgemein als wichtig anerkannt, stellt aber eine Art Leerstelle dar, die die Einheimischen mit jeder Bedeutung ausfüllen, die ihnen persönlich am Herzen liegt. Solche Symbole scheinen eine Einheit zu stiften, die unterschiedlichste Standorte überbrückt. Ihr einziger Sinn kann in der Tat darin bestehen, das gemeinsame Gefühl der Englishness zu unterstreichen.

Spätere Stadien

Nach den Ansprachen, dem Anschneiden des Kuchens und so weiter entledigen sich Braut und Bräutigam der offiziellen Kleidung und machen sich fertig «für die Reise». Damit haben wir eine neue Stufe des Rituals erreicht. Das Paar kehrt noch nicht ins Alltagsleben zurück, sondern begibt sich auf Hochzeitsreise, eine kulturell festgelegte Zwischenphase. Wieder einmal sind sie einem Hagel von Schülerwitzen und den sexuellen Anspielungen der «Hirsch- und Huhnabende» ausgesetzt. Die Gäste kehren auch noch nicht zur Normalität zurück. Zu ihrem Wohlbefinden werden Tische und Stühle beiseite gerückt, und der Raum verwandelt sich allmählich in eine Stätte chaotischen Vergnügens – eine Diskothek.

Das Schenken

Geschenke spielen bei Hochzeiten eine bedeutende Rolle. Jim allerdings schien die Verteilung der Gaben zu verblüffen. In den meisten Kulturen haben Geschenke einen großen Stellenwert; in England sind sie – wie die Kuchen – die Krönung von Geburtstagen, Weihnachten und Hochzeiten.

Die englische Wirtschaft ist eine komplexe gemischt/kapitalistische Ordnung, in der das Ethos des Unternehmertums von Regierungsseite entschieden propagiert wird. Doch während Anthropologen die Einheit der Kultur betonen, trennen die Einheimischen sie hartnäckig in separate Sphären, die sie auseinanderhalten, als hätten sie nichts miteinander zu tun.

Einige Aktivitäten werden bewußt aus dem Reich des Geldes herausgehalten. Für einen Afrikaner gehört es zu den Seltsamkeiten der englischen Kultur, daß zwischen Geld einerseits und Sex/Liebe andererseits eine klare Grenze gezogen wird. Jede Überschreitung ist, wenn auch nicht illegal, so doch moralisch verwerflich und gerät in die Schlagzeilen der Boulevardzeitungen. Daher wollen die Engländer heute weder etwas von Mitgift noch von Brautpreisen wissen und regen sich über diese Bräuche in anderen Kulturen gewaltig auf. Während des Kolonialismus vermuteten die Briten hinter diesen Hochzeitsgaben immer eine verdeckte Form von Prostitution oder Sklaverei. Die englische Familie gilt als Sphäre, in der die normalen Regeln wirtschaftlichen Handelns außer Kraft gesetzt sind. Nur wenn sie sich scheiden lassen, berechnen die Partner den ökonomischen Wert ihres individuellen Beitrages. Dann haben die Anwälte das Sagen, und die Ehe ist wirklich am Ende.
Doch jetzt wollen wir uns der Bedeutung des Schenkens bei den Engländern zuwenden. Geschenke werden aus dem monetären Bereich ausgegrenzt, indem man darauf achtet, daß jeder Hinweis auf ihren Preis entfernt wird, und sie als bloß materielles Zeichen für die eigentliche Gabe ansieht, für das Gefühl, das dahinter steht – daher sagt man auch: ‹es muß von Herzen kommen›. Weil Bargeld in einer solchen Kultur am schwersten zu verschenken ist, hat man kulturelle Formen entwickelt, mit denen sich «Geld» in ein «Geschenk» verwandeln läßt – Büchergutscheine, Geschenkschecks und dergleichen. Im Idealfall sind Geschenke aufwendig verpackt und somit noch eindeutiger aus dem Reich des Geldes verwiesen. (Dazu steht nicht im Widerspruch, daß einige Läden einen Verpackungsdienst für Geschenke anbieten – für den man bezahlen muß.) Dieser Trend erreicht zu Weihnachten seinen Höhepunkt, wenn kostbar eingehüllte Gaben als Früchte eines Zimmerbaums präsentiert werden.
Die Hochzeitsfeier von Janet und Peter in Smallwood ist ziemlich groß; etwa 150 Gäste sind zum Essen eingeladen,

und später am Abend kommen noch viel mehr dazu. Hochzeiten in diesem Ausmaß sind in der Gegend nicht ungewöhnlich.
Auf englischen Hochzeiten schenken Freunde und Familien von beiden Seiten. Bezeichnend für das Ritual ist, daß die Geschenke nicht für einen der beiden Partner bestimmt sind, sondern für den neu zu gründenden Haushalt. Mit den Namen der Geber werden die Geschenke öffentlich ausgestellt.
Auch beim Kauf und Verkauf von Vieh macht sich eine wesentliche Unterscheidung zwischen Schenken und Handeln bemerkbar. Philip Moss geht meistens einmal wöchentlich zum Markt von Congleton, um Vieh zu verkaufen. Dort herrscht eine seltsame Sitte.
Nigel Barley: «Heute morgen auf dem Viehmarkt habe ich bei der Versteigerung bemerkt, daß Sie eine Pfundmünze hochhielten. Was hat es damit für eine Bewandtnis? Wollten Sie den Auktionator bestechen?»
Philip: «Nein, das war kein Bestechungsversuch. Es war der altmodische Glückspfennig, dem man in Cheshire oft begegnet. Wer Vieh verkauft, gibt dem Käufer fast immer ein Pfund. Das ist eine sehr altmodische Sache – der Glückspfennig.»
Nigel Barley: «Was steckt dahinter?»
Philip: «Man will damit wohl dem Schlachter, der einem das Tier abkauft, ein wenig Anerkennung aussprechen und andere Schlachter anspornen, ein besseres Angebot zu machen. Wissen Sie, ich glaube, das stammt noch aus den alten Zeiten des Pferdehandels.»
Typisch englisch, erklärt Philip den Glückspfennig, indem er nützliche Erwägungen und heimatgeschichtliche Mutmaßungen anstellt. Das Phänomen ist aber auch in anderen Gegenden der Welt bekannt. Auf afrikanischen Märkten zum Beispiel fügt der Verkäufer, wenn man eine bestimmte Menge einer Ware – Tabak oder etwas anderes – kauft, nach dem Abwiegen noch ein Maß als Geschenk hinzu. Moslems würden das wohl damit erklären, daß ihre Religion Unehrlichkeit

hart bestraft, Mildtätigkeit jedoch hoch belohnt. Angehörige anderer Kulturen kennen diesen Brauch ebenfalls, der auf einer grundsätzlichen Vorstellung zu beruhen scheint.

Der Glückspfennig könnte eine willkommene Prämie für den Schlachter darstellen, der vielleicht für jemand anders als Mittelsmann agiert. Doch diese Gabe wird erwartet und – ebenso wie das westafrikanische Markt«geschenk» – stillschweigend in den finanziellen Transaktionen berücksichtigt.

Für Philip war der Glückspfennig kein Bestechungsgeld, sondern hatte eine ähnliche Funktion wie Rabattmarken. Er gehört zum Kaufpreis und verwandelt ihn in eine andere Kategorie – in ein «Geschenk», eine «kostenlose Gabe». Aus einer kommerziellen Beziehung macht er eine des Schenkens.

Insider und Outsider

Hochzeitseinladungen setzen Tauschzyklen in Gang. Auf die Frage, warum so viele Gäste zu ihrer Hochzeit kommen, gibt Janet, die Braut, zur Antwort:

Janet: «Wir sind auf vielen Hochzeiten gewesen, und daher mußten wir unsere Freunde auch wieder einladen.»

Auch der Bräutigam ist sich dieser Seite der Dinge bewußt:

Peter: «Ich bin nicht so für große Hochzeiten, wegen all dem Wirbel, wissen Sie; aber für Janet ist das ein Ritual, mehr als nur eine Trauung.»

Nigel Barley: «Was meinen Sie mit Ritual?»

Peter: «Nun, Bauern feiern meistens große Hochzeiten, wo die Familien zusammenkommen, und das muß man einfach mitmachen, weil die Leute eine große Hochzeit erwarten.»

Nigel Barley: «Ob man will oder nicht?»

Peter: «Ob man will oder nicht, so ist es.»

Einladungen zu Hochzeiten machen auch den Unterschied zwischen Insidern und Outsidern deutlich.

Nigel Barley: «Wie lange lebst du schon hier, Bob (Wirt des Blue Bell)?»

Bob: «Seit sechzehn Jahren.»
Nigel Barley: «Gehörst du jetzt zum Dorf oder nicht?»
Bob: «Inzwischen schon. Als ich hierherkam, sagte man mir, daß es Jahre dauern könnte, bevor ich dazugehören würde; aber ich wurde ziemlich schnell akzeptiert.»
Nigel Barley: «Was meinen Sie, woran das lag?»
Bob: «Nun, wir waren erst ein paar Monate hier und wurden zur Hochzeit eines hiesigen Bauern eingeladen. Ich dachte mir: ‹Nun muß ich wohl angenommen sein›. Denn andere Leute sagten: ‹Ich lebe hier schon neun Jahre und werde zu so etwas nicht eingeladen›.»
Die Unterscheidung zwischen Insidern und Outsidern bezieht sich nicht nur auf die menschliche Gemeinschaft. Man merkt bald, daß auch die Tiere einer solchen Trennung unterliegen. Ich hatte immer angenommen, daß die Liebe zu Tieren einfach zur städtischen Vorstellung vom Landleben gehört und daß Züchten dazu führt, Tiere geringzuschätzen. Zum Teil ist das richtig. Die Beziehung zu Tieren auf dem Markt, ganz zu schweigen vom Schlachthaus, scheint abgestumpft und gefühllos. Sie werden als bloße Waren betrachtet, die man antreibt, schlägt, tötet. Aber zwischen den Tieren, die man zum Mästen und Wiederverkaufen erwirbt, und jenen, die zum Dauerbestand des Hofes gehören, wird eine klare Grenze gezogen. Während die übrigen Tiere eine Nummer erhalten, gibt man den Milchkühen, die für den Bauern zu Individuen werden, einen *Namen.* Das wird deutlich, als Peter seine Zuchtherde vorführt.
Nigel Barley: «Sie haben ihr (einer Zuchtkuh) einen Namen gegeben. Ist das auf einem Bauernhof üblich?»
Peter: «Ja, das habe ich. Die da stößt Leute immer aus dem Weg, daher nenne ich sie Stoßer, und diese frißt immerzu, deshalb nenne ich sie Vielfraß. Ich gebe ihnen Namen, obwohl das auf einer Farm nicht üblich ist. Ich glaube, daß die Melker den Kühen Namen geben.»
Nigel Barley: «Macht es Ihnen nichts aus, sie eines Tages wegzugeben?»

Peter: «Naja. Ich glaube nicht, daß ich diese da verkaufen werde... vielleicht die Kälber, aber diese nicht. Ich hänge jetzt zu sehr an ihnen.»
Philip Moss macht denselben Unterschied:
Nigel Barley: «Essen Sie ihr eigenes Vieh?»
Philip: «Natürlich. Ich glaube kaum, daß es Bauern gibt, die ein erstklassiges Beefsteak von ihren eigenen Rindern verschmähen würden. Nur von einer Milchkuh will man natürlich kein Fleisch; ich glaube nicht, daß man Daisy oder Megan essen wollte. Aber an einem Mastvieh hängt man nicht so.»
Nigel Barley: «Gibt es da keine Art von sozialer Beziehung? Gehören sie nicht zur Familie?»
Philip: «Es sind nicht dieselben... Natürlich mag man sein Vieh, sorgt für es und lebt mit ihm auf einem Hof; aber eine enge Beziehung wie zu einer Milchkuh... die gibt es nicht. Zu einer Milchkuh nimmt man vierzehnmal in der Woche Kontakt auf, weil man das gute Ding melken und mit ihm umgehen muß, physisch umgehen muß. Mit einem Masttier aber nicht. Das Vieh wird einfach gefüttert, und zwar zusammen mit achtzig oder neunzig anderen. Daher sind die Bindungen an diese Tiere nicht so eng wie die an eine Milchkuh.»

Kontinuität

Bob (Wirt vom Blue Bell): «Unser Dorf ist wunderbar. Die Häuser in diesem Ort, in denen sich etwas getan hat, seit ich hier bin, sind dieselben geblieben. Die alten Familien des Dorfes... die Bauern und Bauernfamilien – das ist das alte Dorf. Diese Menschen können davon erzählen, was in diesem Dorf geschehen ist.»
Vor allem das Verhältnis zum Land hält die Einheit von Smallwood aufrecht. Eigensinnig beharren Informanten darauf, daß die Höfe nicht aufgeteilt werden sollten.

Philip: «Die Tradition erlaubt es nicht, das Land aufzuteilen.»
Nigel Barley: «Dann gehören in gewissem Sinn die Menschen zum Hof und nicht umgekehrt.»
Philip: «So ist es! Genau so.»
Einem Stadtbewohner will es scheinen, daß Smallwood seine Einwohner fest an sich gezogen hat. Auf dem Kirchhof finden sich dieselben Nachnamen, auf die man heute im Dorf und in der Umgebung stößt. Die Gräber werden von den Nachkommen hingebungsvoll gepflegt. Das soziale Leben in Smallwood erinnert an einen Low-budget-Film, in dem immer wieder dieselben Schauspieler in den Nebenrollen auftauchen.
Zum Beispiel Leonard Fox, der Organist bei der Hochzeit – er bewirtschaftet auch den Familienhof. Beide Linien seiner Familie sind seit sechs Generationen in Smallwood ansässig.
Leonard: «Ich bin seit fünfzehn Jahren Organist (er ist 37 Jahre alt); mein Großvater war vierzig Jahre lang Organist, und es war sein Wunsch, daß ich in seine Fußstapfen treten sollte. Mein Großvater von der Ford-Linie war einer der besten Anbieter von Kurzhornrindern. Wir versuchen, dieses Geschäft weiterzuführen. Ich bin im Kirchenvorstand, Treuhänder der Furnival-Stiftung und Vertreter im Gemeinderat für die Schulbehörde ...»
Nigel Barley: «Wie sind Sie zu all diesen Ehren gekommen?»
Leonard: «Das ist ein wenig wie mit der Monarchie, man wird hineingeboren. Meine Urgroßväter haben vor vielen Jahren noch geholfen, den Grundstein für die Kirche, für die Schule und für das Pfarrhaus zu legen. Ich ging in die Dorfschule, danach auf das hiesige Gymnasium. Dann war ich bei den Jungen Farmern, und all das half mir, Anschluß an das Dorfleben zu bekommen.»
Gibt es in diesem Garten Eden keine Schlange? In Smallwood ist die Biographie eines jeden öffentliches Eigentum: wer und was man ist, das ist in das Leben des einzelnen Indi-

viduums eingeschrieben. Dadurch wird sicherlich ein Bewußtsein der eigenen Identität gestärkt, aber zu welchem Preis? Doris Bracegirdle, seit Generationen Lehrerin in Smallwood, faßt zusammen:
Doris: «Der Sinn für Gemeinschaft und Freundschaft ist stark entwickelt. Wenn einer in Schwierigkeiten ist oder dergleichen, dann rufen die Menschen sofort an und wollen helfen. Auf der anderen Seite herrscht hier ein Gefühl, daß die Leute alles über einen wissen – daß es ein magisches Gerüchtesystem gibt und jeder über alles Bescheid weiß.»

Schlußbemerkung

Jim Batchelor, mein Cockney-Informant, fühlt sich hier überall an das alte Eastend erinnert, das immer mehr von seelenlosen Hochhäusern verdrängt wurde. Für ihn ist die Fahrt aufs Land eine Reise in die Vergangenheit.
Als Ethnograph wird man auf Ereignisse nicht persönlich reagieren. Als Einheimischer schon. Mich haben englische Hochzeiten immer sehr deprimiert – was vermutlich nicht nur an männlicher Voreingenommenheit lag, die jede Heirat als Gefangennahme eines freien Geistes durch eine soziale Institution ansieht. Ich sprach mit Jim darüber.
Bestärkt von volkstümlicher Psychologie, glaubt der Angehörige der englischen Kultur, daß das Individuum wie eine Zwiebel aus Schichten besteht. Sozialisation ist bloß eine Hülle über einem emotionalen Kern – dem *wahren* Ich. Andere Völker denken darüber natürlich ganz anders. In England ist das Eigentliche nicht für die Öffentlichkeit bestimmt. Sein Zuhause ist die private Welt, dort, wo sich das emotionale Leben abspielt – hinter den Barrieren, die wir errichten, um die Außenwelt auszusperren. Der Westen wird oft mit Kommerz und Ausbeutung gleichgesetzt; doch solche Vorstellungen gehen häufig mit ihrem Gegenteil schwanger. Der Westen ist auch die Heimat der Hollywood-Liebe, endloser

honigsüßer Bilder von Zuneigung und emotionaler Erfüllung, von treusorgenden Familien und liebevollen Beziehungen. Das ist der Kern, den unsere Vorstellungen vom privaten Leben umgeben und der durch kulturelle Regeln und die Macht des Gesetzes geschützt wird.

Öffentliche Einmischungen, seien sie rein bürokratischer oder religiöser *und* bürokratischer Natur, haben hier nichts zu suchen. In einer Kultur, in der Gefühle die Grundlage der Ehe bilden, sind Hochzeiten ein tiefer öffentlicher Eingriff in das Private, den Jim «recht und billig» nennt. Sie beanspruchen, das Gefühlsleben zu strukturieren, zu regeln und zum Ausdruck zu bringen. Alle rituell beschworenen Gefühle haben einen Klang von Falschheit und Heuchelei. Wenn man das Gefühlsleben als etwas Persönliches und Privates betrachtet – ja eigentlich sogar als etwas Spontanes –, ist das Ritual, die öffentlich zur Schau gestellte Emotion, ein Widerspruch in sich – wie die von einem Diktator befohlene politische Verzückung. Was die persönliche Motivation anbetrifft, unterwerfen sich Kinder solchen Ritualen ihren Eltern zuliebe; Eltern veranstalten sie, weil sie glauben, es ihren Sprößlingen schuldig zu sein. Die zeitgenössische englische Kultur mißtraut dem Ritual aus tiefster Seele.

IDENTITÄT IN DER STADT

«Die brutale Gleichgültigkeit, die gefühllose Isolierung jedes einzelnen auf seine Privatinteressen tritt um so widerwärtiger und verletzender hervor, je mehr diese einzelnen auf den kleinen Raum zusammengedrängt sind; und wenn wir auch wissen, daß diese Isolierung des einzelnen, diese bornierte Selbstsucht überall das Grundprinzip unserer heutigen Gesellschaft ist, so tritt sie doch nirgends so schamlos unverhüllt, so selbstbewußt auf als gerade hier in dem Gewühl der großen Stadt.»

Friedrich Engels, *Die Lage der arbeitenden Klasse in England*, 1845

In Smallwood hat man das Gefühl, daß Identität etwas Selbstverständliches ist und eher mit der Herkunft zusammenhängt als damit, was man aus sich selber macht. Als Insider gelten diejenigen, die in der Gemeinde geboren, zusammen aufgewachsen sind und im weiteren Sinne am Ort heiraten. Die Dorfschule mit ihrem lockeren Gefüge aus mehreren Altersstufen fördert diesen Zusammenhalt und schafft ein Fundament biographischer Erfahrung, auf dem sich das spätere Leben erklären läßt. Die Lebensgeschichte der Menschen liegt also zum großen Teil im öffentlichen Bereich.

In der bäuerlichen Gemeinschaft ist Identität eng mit dem Land verbunden, das ungeteilt vom Vater auf den ältesten Sohn übergehen soll. Ob sich allerdings die Wirklichkeit immer danach richtet, steht auf einem anderen Blatt. (Im Mittelalter war das Zölibat auch eine Tugend, die die Päpste ihren Söhnen vererben wollten.) Für die Menschen in Smallwood bedeutet das Land zweifellos etwas, das die Generationen zusammenhält, das «wie Blut» weitergegeben wird und nur in äußerster Not verkauft werden sollte.

In einem weiteren Kontext nennt man die Dinge, mit denen eine Familienidentität über Generationen hinweg verliehen wird, Erbstücke. Ihre Macht ist enorm. Auf nationaler Ebene erfahren wir ihre Wirksamkeit in der Institution der Monarchie. Doch das Erbstück, das wir alle mitbekommen, ist immateriell – der Familienname unseres Vaters (Großvaters, Ur... urgroßvaters), eine unwiderstehliche Faszination für diejenigen, die zu ihren historischen Ursprüngen vordringen oder eine eigene ethnische Subkultur begründen wollen. Mit Erstaunen kann man feststellen, daß in der Welt der soziologischen «Erklärungen» solch ein Namenssystem entweder als Merkmal einer Kultur gilt, die nicht über feste innere Gliederungen verfügt (der Name ist dann eine Kompensation), oder als Zeichen einer sexistischen Kultur, die so zwanghaft von Männern geordnet wird, daß es sich sogar in der Sprache niederschlägt. Hieraus dürfen wir wohl die Sinnlosigkeit eines Großteils solcher «Erklärungen» ableiten.

In der Stadt herrschen andere Gesetze als auf dem Land. Sie übt vor allem Faszination auf die Jungen und Wurzellosen aus und stellt eine Chiffre für «Freiheit» dar – Freiheit von elterlichen Grenzziehungen, den Fesseln der alten Persönlichkeit, der beschränkten Auswahl an neuen Arbeitsverhältnissen. Christine Restall arbeitet in der Werbeagentur McCann Erickson und kennt sich in der gegenwärtigen britischen «Jugendkultur» aus. Sie betonte die Bedeutung der Stadt für die Jugend.

Nigel Barley: «Aus dem, was Sie uns erzählt haben, gewinnt man den Eindruck, daß junge Leute, ganz gleich, wo sie im UK wohnen, mit dem Herzen in der Stadt sind. Ist das richtig?»

Christine: «Im Augenblick scheint das so zu sein. In den siebziger Jahren haben wir uns mit der nebelverhangenen Landschaft beschäftigt, heute aber dreht sich alles um den Verfall der Städte, der vielleicht deshalb so anziehend wirkt, weil er das Gefühl, das junge Leute heute in der Gesellschaft haben, widerspiegelt. Das Land – sprudelnde Quellen und Forellenbäche und die Landlady dazu und der ganze Kram – spielt natürlich für eine ältere Generation immer noch eine große Rolle. Wir haben die Menschen, die wirklich so leben wollen und das auch tun, in unserer Frauenstudie ‹Lady Tugendsam› genannt.»

Nigel Barley: «Wie sieht denn eine Lady Tugendsam aus?»

Christine: «Sie trägt ihr Haar in steifen Wellen und vermutlich ein Twinset mit Perlen und einen Tweedrock und kocht Marmelade ein.»

Nigel Barley: «Sie ist Mitglied im Women's Institute?»

Christine: «Ganz sicher, und sie mißbilligt es, wenn Frauen außer Haus arbeiten. Sie ist nicht mehr jung und mit dem entsprechenden Männertyp verheiratet, den wir Hohepriester nannten.»

Nigel Barley: «Woran erkennt man ihn?»

Christine: «Er trägt wahrscheinlich eine weinrote Strickjacke.»

Nigel Barley: «So eine habe ich auch zu Hause.»
Bemerkenswert ist, daß Angehörige unserer Kultur von einzelnen Äußerlichkeiten umstandslos auf Ansichten, Wertvorstellungen und Geschmack der betreffenden Person schließen. Woher kommt das und was sagt es über das Problem der Identität?

Die Objektivierung von Identität

«... In der Galerie befand sich eine Sammlung von Gegenständen, die nach ‹falschen Prinzipien› entworfen waren. Einer der Kritiker, der für Dickens *Household Words* schrieb, sprach von einem ‹Haus voller Scheußlichkeiten›, einem ‹düsteren Zimmer voll von fürchterlichen Dingen ... Vorhängen, Teppichen, Kleidern, Lampen und dergleichen mehr›. Cole selbst meinte, daß diese Dauerausstellung nicht unterhalten, sondern im richtigen Geschmack unterweisen wolle. Sie sei kein ‹Salon der Muße›, sondern ‹ein beeindruckendes Klassenzimmer für jedermann, die breite Öffentlichkeit eingeschlossen›. Der Korrespondent der *Household Words* schämte sich ‹wegen des Schnitts meiner Hose – ich sah ein Exemplar als abschreckendes Beispiel ausgestellt›.»

Asa Briggs, *Victorian Things*. London 1988

Der Mensch erschafft in einem fort Bedeutungssysteme. Manche sind uns bewußt und sogar in den Gesetzen aufbewahrt, mit denen wir die Realität festlegen; andere sind uns nicht bewußt. Einige rechtfertigen wir als «wahr», «wirklich» oder – unentschlossener – als «nützlich»; von anderen machen wir Gebrauch, sind aber nicht unbedingt bereit, sie rational zu begründen – vergleichbar der Art, wie man im UK mit Horoskopen umgeht. Zum Beispiel nehmen wir an, daß wir den psychischen Zustand eines Menschen weitgehend von seinem Gesichtsausdruck, seiner Kleidung oder seiner Redeweise ablesen können. Sogar die Erfahrung, daß Vorhersagen aufgrund solcher Indizien wenig verläßlich sind, kann uns nicht davon abbringen. Viele veraltete Lehren der

Vergangenheit waren nur Versuche, diese volkstümlichen Vorstellungen rational zu begründen. Einst hießen sie Wissenschaft, heute nennt man sie Einbildung. Die Physiognomik – eine Passion des spätviktorianischen Zeitalters – bemühte sich, von den Gesichtszügen auf den Charakter zu schließen, während die Graphologie den Schlüssel in der Handschrift entdeckte und die Phrenologie in der Topologie des Schädels. Veraltete Systeme werden durch neue ersetzt, die sich technischen Errungenschaften der modernen Zeit verdanken. Heutzutage sind wir schockiert oder überrascht, wenn wir jemand, mit dem wir vorher nur telefoniert haben, zum ersten Mal treffen und er anders aussieht «als seine Stimme».

Eigenartigerweise erwarten gerade wir in den westlichen Kulturen, wo die Menschen die wenigsten Dinge, die sie besitzen, selbst machen, von den Gegenständen auf den Besitzer Rückschlüsse ziehen zu können. Wir haben sogar einen Berufsstand hervorgebracht, der darauf spezialisiert ist und ziemlich gut davon lebt: die Werbeindustrie. Auch sie beansprucht, eine Wissenschaft zu sein.

Die Gründe, warum Menschen bestimmte Dinge kaufen, sind bekanntlich vielschichtig. Früher war die Werbebranche sehr daran interessiert, ein bestimmtes Kaufverhalten sozioökonomischen Gruppen zuzuordnen. Die Masse der Informationen über uns als Verbraucher ist erdrückend.

Liz Watts ist eine gescheite, redegewandte Frau Anfang Zwanzig, Kontakterin in einer Werbeagentur, die man als schick und durchgestylt bezeichnen kann. Sie vermittelt zwischen den Kunden und den «Kreativen» (das sind die Leute, die die Ideen haben), damit beide Seiten die richtigen Informationen erhalten und die Werbung zur Zufriedenheit des Kunden konzipiert wird. Ich bat sie, mir zu erklären, welche Daten über uns Verbraucher ihr zur Verfügung stehen.

Liz: «Wir erhalten alle möglichen Informationen. Ein Teil kommt von der Regierung; wir haben Zugang zu Statistiken, die die Regierung nach einer Volkszählung oder anderen Umfragen, die sie durchführt, herausgibt: darüber, wie alt die Bevölkerung ist, wo wir leben, wie viele Menschen in einem Haushalt zusammenwohnen... bis hin zu Details, wieviel Geld wir in der Woche für Käse ausgeben, wieviel der durchschnittliche Einkaufskorb kostet etc. Aber natürlich bekommen wir noch andere Informationen, die in gewisser Weise nützlicher sind, mehr über die Einstellung der Menschen aussagen. Wir erfahren nicht nur, wie alt sie sind, sondern wie sie zum Leben stehen, ihre Alltagsprobleme bewältigen, was sie von welchen Produkten halten usw.»

Gegenwärtig unternimmt man enorme Anstrengungen, die Bevölkerung in verschiedene Lifestyle-Gruppen aufzuteilen. Agenturen erfinden Typen – den Grübler, den Experimentierfreudigen und so weiter –, die für ein bestimmtes Verhalten stehen sollen. Diese Typisierungen unterscheiden sich von den Daten, die Anthropologen gewöhnlich verwenden; es sind statistische Deutungen auf niedrigem Niveau, die zum Beispiel politische Anschauungen und Ernährungsweise in Beziehung zu setzen versuchen. Sie treffen in dem Sinne zu, als sie statistische Gesetzmäßigkeiten im Auge haben. Andere Gruppierungen mit denselben Daten sind stets möglich, die Statistik muß ständig auf den neuesten Stand gebracht werden, wenn man nicht den Kontakt zu der Welt, die sie nachbildet, verlieren will. Besonders wichtig im modernen Marketing ist der Begriff der «Markenorientierung».

Liz: «‹Markenorientierung› bedeutet, Produkte zu tragen und zu kaufen, die eindeutig etwas über einen aussagen, weil sie eine besondere Marke sind. So ist zum Beispiel die Zeitung, die man liest, eine öffentliche Aussage über das Verhältnis zur Welt; die Person, die öffentlich den *Telegraph* liest, unterscheidet sich erheblich von der Person, die es gern sieht, wenn andere sehen, daß sie den *Independent* liest.»

Anders ausgedrückt: Man kann Identität durch das, was man kauft, ausdrücken. Der Begriff der Marke ist interessant, und es sieht so aus, als wäre damit die Idee der Persönlichkeit auf die Welt der Objekte übertragen worden. Bezeichnenderweise bilden sich im städtischen Leben Identitäten auf diese Weise heraus und erhalten sich. In den schwer faßbaren Verhältnissen des Stadtlebens mit seiner Kluft zwischen Arbeit und Privatleben und inmitten der Anonymität der Straße kann ein Mensch in so viele Persönlichkeiten schlüpfen, wie er nur erfolgreich darstellen kann.

Der Konsum erscheint in den Augen derjenigen, die sich mit Volkskultur beschäftigen, leicht als bloßes Mittel, die Massen von den Realitäten der ökonomischen Ausbeutung abzulenken. Demzufolge sind modische Gegenstände einfach ein Nebeneffekt der Überproduktion. Überdies sehen alle Menschen schließlich mehr oder weniger gleich aus, auch wenn sie behaupten, daß sie nach Individualität streben. Individualität ist ein Schwindel; nur Gruppenidentität ist uns erreichbar. Aber vielleicht sollten wir die Verbraucher nicht nur als passive Wiederkäuer betrachten, die alles fressen, was man ihnen in den Trog wirft. Der Konsument kann sich ja aussuchen, was er kauft, und sich eine Identität zulegen. In der Tat sind die meisten Bewohner der westlichen Welt inzwischen nicht mehr Experten in der Produktion, sondern im Konsumieren. Ein kleiner Lichtblick, der in der erbarmungslos materialistischen Welt des Westens leuchten könnte. Wir brauchen materielle Gegenstände zur Bestätigung unserer sozialen Identität. Im Westen drückt sich Armut nicht nur im Mangel an Nahrung aus, sondern dadurch, daß man seine Identität nicht angemessen mit Besitztümern zum Ausdruck bringen kann.

Warum gibt es Beziehungen zwischen der Zeitung, die man liest, und anderen Lebensbereichen? Warum tragen die Menschen zueinander passende Kleidungsstücke? Ein Teil der Antwort lautet sicherlich, daß Werbeagenturen ein sich selbst reproduzierendes System darstellen. Viele Kampagnen versuchen, ein Produkt an andere Gegenstände von hohem gesellschaftlichem Status anzubinden, und werben in Wirklichkeit für ein Weltbild von «Identität durch Besitz», eine Art, Gegenstände zu gebrauchen, die wir für allgemeingültig halten, die aber in Wahrheit nur *eine* Möglichkeit ist, mit den Dingen zu verfahren. Sie machen uns weis, daß, wenn wir einen bestimmten Wagen fahren, wir auch in einer besonderen Art von Haus leben und eine besondere Sorte Mineralwasser trinken *sollten.*

Wir besprachen eine Reihe von Fernseh-Werbespots mit Denis Lewis, Art Director der gleichnamigen bedeutenden Werbeagentur. Unmißverständlich stellte er klar, daß wir aufgrund dieser Signalwirkung von Besitztümern für das eigene Ich eine Marke der anderen vorziehen; denn es scheint in der Tat, als könnte man Sinnstiftungen nicht entkommen. Wie lange ist es her, daß ein Paar Schuhe nichts anderes bedeutete, als etwas an den Füßen zu tragen?

Denis: «Alle Dinge sagen etwas über einen aus. Ob ‹Es ist mir egal› oder ‹Ich finde mich wunderbar – schaue mich nur genauer an›: Jeder ist innerlich ausgeglichen, wenn er Dinge kauft, die ihn am besten widerspiegeln.»

Denis vermarktet Botschaften über das Selbst. Er wirbt für Produkte wie K-Schuhe, Petty Polly Strumpfhosen und Levi's Jeans, die sich auf Vorstellungen von extremer Individualität und Selbstsicherheit berufen.

Denis: «Mit der Werbung für K-Schuhe sprechen wir selbstsichere, selbstbewußte und unabhängige Menschen an. Man kann sich ein neues Image kaufen; aber wenn man sich darin nicht wohl fühlt, hat es keinen Sinn. Man kann nur tragen, was zu einem paßt.»

Schon immer haben sich die Vorstellungen von Identität auf bestimmte Bereiche konzentriert, denen vorübergehend besondere Bedeutung zukam, um dann eines Tages wieder von der Bildfläche zu verschwinden. (Ein Beispiel aus jüngster Zeit sind Uhren.) Kleidung indessen gehört seit längerem zur Suche nach Identität. Zumindest seit der Renaissance haben sich Männer und Frauen im Westen um Mode gekümmert. Im wesentlichen verfeinerte sich die Kleidung der Wohlhabenden, der Stadtbewohner – davor waren es nur die Angehörigen des Hofes, die sich besonders herausputzten. Kirche und Staat versuchten mit Drohungen durchzusetzen, daß Kleidung zum sicheren Zeichen für Rang und Beruf wurde – eine verläßliche Aussage darstellte über den Platz, den man in der Welt einnahm. Unangemessene Kleidung zu tragen galt als Verstellung und Betrug.

In vielen Gegenden der Welt ist das heute noch so, obwohl sich moderne westliche Einstellungen im Zug des kulturellen Imperialismus immer mehr durchsetzen. In der Dritten Welt sind Kleidung, Haartracht und Körperschmuck traditionsgemäß bestimmten Klassen oder der Würde des Alters vorbehalten. Sie dürfen nicht an dem freien Spiel der Identitäten teilnehmen wie in unserer eigenen Kultur. Ein systematisch festgelegter Gebrauch von Gegenständen funktioniert wahrscheinlich nur in Kulturen, die ganz anders sind als unsere eigene. Man sollte nicht vergessen, daß traditionelle Gesellschaften bis vor kurzem nur über eine begrenzte Anzahl von Objekten verfügten, daß sie ohne die ständige Erfindung neuer und die Veränderung bekannter Dinge auskamen. Die Einführung neuer Gegenstände ist häufig der Beginn einer sozialen Revolution.

Der Begriff der Mode ist eine spezifisch westliche Vorstellung, die fest in der Annahme wurzelt, daß sich die materielle Kultur im Fluß befindet und alles Neue positiv zu sehen ist. Seit jeher kennt die Mode nur zwei Möglichkeiten: Entweder ist etwas «modern» oder «unmodern». Wie die heutige Werbung zeigt, wird Kleidung aber oft als Aussage über weitergehende Probleme verstanden. Das ist nicht neu. Kleidung hat seit langem einen politischen Unterton. Wenn Frauen Büstenhalter verbrennen und Hosen anziehen, stehen sie, so die allgemeine Auffassung, dem Feminismus nahe, ebenso wie das Streben nach «vernünftiger» Kleidung für die Anfangszeiten des Sozialismus charakteristisch ist. Das Thema wurde unlängst auf einer Konferenz der Labour Party aufgegriffen, die sich schließlich über dem Problem entzweite, ob der enge Rock, das Funktelefon und das Faxgerät mit dem wahren Sozialismus vereinbar seien.

Seit der Einführung der Massenkonfektion muß sich die Mehrheit der Bevölkerung mit Kleidung beschäftigen, zumindest eine Wahl treffen. Heute beherrscht die Mode die gesamte Warenkultur. Ob Fahrrad, Kühlschrank, Kugelschreiber – alles kann veralten oder Bände über einen selbst sprechen und als Medium impliziter kultureller Informationen dienen. Interessanterweise entrinnen nur einige wenige Gegenstände dem Kreislauf, nach dem «Neues» (gut) erst «altmodisch» (schlecht) und dann «antik» (wieder gut) wird: Sie werden nicht «altmodisch», sondern gleich zeitlos (zum Beispiel der Volkswagenkäfer). Viel Geld könnte man verdienen, wenn man herausfände, was diesen Gegenständen ihren seltsamen Status verleiht.
Es scheint kaum einen Grund zu geben, warum Männer und Frauen verschiedene Fahrräder fahren, verschiedene Schirme und Taschen tragen oder warum ein Mann mit Tätowierung als gewalttätig, mit Ohrring als unmännlich gilt. (In den letzten Jahren hat sich die Aussage des männlichen Ohrrings allerdings fast ins Gegenteil verkehrt.) Wenn Gegenstände von einer Kultur in die andere übertragen werden, kann dabei ihre kulturelle Information verlorengehen oder sich verändern. Europäische Reisende des 19. Jahrhunderts waren überrascht, daß man in Afrika auch zu den festlichsten Anlässen Speisen in Porzellan-Nachttöpfen servierte. Abgrenzungen wie die zwischen weiblich und männlich spielen in unserer Kultur eine wesentliche Rolle und werden allen möglichen Gegenständen aufgedrängt. Engländer rechtfertigen solche Unterschiede immer als zweckdienliche: Weil Männer größer sind und den Schirm höher tragen, brauchen sie größere Schirme, damit ihre Füße trocken bleiben.
Aus der anthropologischen Literatur kennen wir eine Reihe von klassischen «Erklärungen» für die Existenz von Kleidung:
1. Menschen müssen Kleider tragen, um zu überleben;
2. Menschen tragen aus Schamgefühl Kleider;
3. Menschen tragen Kleider, um anzugeben und ihre sexuelle Attraktivität zu betonen.

Selbst in unserem Klima gilt Punkt 1 nur für einen Teil des Jahres und die paar Ausnahmesituationen, in denen die Umwelt außer Kontrolle gerät. Die Punkte 2 und 3 widersprechen sich, können aber beide zutreffen. Ihnen liegt die Erkenntnis zugrunde, daß die Wahl der Kleidung Botschaften über das Selbst und über die Ereignisse, zu denen bestimmte Kleider getragen werden, überbringen, wie wir bei der Hochzeit in Smallwood gesehen haben. Wer sich auszieht, überschreitet die Grenze zwischen dem öffentlichen und dem privaten Leben.

Öffentlich und privat: das Zuhause

Obgleich Liz Watts, unsere Kontakterin aus der Werbeagentur, dazu neigt, Äußerlichkeiten als Aussage über die Persönlichkeit zu betrachten, sind einer solchen Auffassung doch enge Grenzen gesetzt. Das Problem einheimischer Informanten und einheimischer Ethnographen ist, daß sie eine Weltanschauung nicht als solche wahrnehmen können, wenn sie mittendrin stecken.

Das Gebäude, in dem Liz Watts arbeitet, ist extrem modern und karg ausgestattet. Helle Grautöne und kühle schwarze Metallflächen, Hartgummifliesen und wirkungsvolle Spotlights bestimmen das Environment. Man erzählte mir, daß einmal eine Sendung Bleistifte weggeworfen wurde, weil sie nicht zum Gebäude *paßten*.

Nigel Barley: «Wenn diese Räume den Hintergrund eines Werbespots abgeben würden, was für eine Aussage würden Sie damit über sich selbst machen?»

Liz: «Die Botschaft lautete: Hier wird hart gearbeitet. Die Agentur ist wie eine Fabrik gestylt. Dahinter steckt die Idee, eine Werbefabrik zu schaffen. Die ganze Ausstattung schafft Distanz. Schwarz, grau und weiß.

Nigel Barley: «Alles paßt zusammen.»

Liz: «Ja, stimmt.»

Nigel Barley: «Haben Sie manchmal das Gefühl, zu dieser Umgebung passen zu müssen?»
Liz: «Nein, glücklicherweise nicht. Die Menschen bringen hier Leben hinein, und der Hintergrund, die Arbeitsatmosphäre, hat vor allem eine nützliche Funktion. Es ist nichts weiter als ein Ort, wo man sich aufhält oder arbeitet; erst die Menschen, die hier arbeiten, machen ihn lebendig. Auch wir passen gut zueinander, und jeder macht seinen eigenen Job.»
Nigel Barley: «Sie haben mir erzählt, wie wichtig Botschaften sind, die durch Gegenstände vermittelt werden. Ihr eigenes Arbeitsumfeld jedoch soll ausschließlich praktischen Zwekken dienen und nichts mit einem Selbstbild zu tun haben?»
Liz: «Natürlich nicht. Es ist hier auch sehr schick. Die Agentur wirkt dadurch sehr professionell, sehr elegant. Wie Sie schon bemerkt haben, paßt alles zusammen, alles sieht so aus, als ob es hierher gehörte. Das ist sehr wichtig.»
Zufällig zog Liz zur Zeit unseres Gesprächs um. Diese Gelegenheit wollten wir uns nicht entgehen lassen. Liz und ihr Mann zogen in ein großes viktorianisches Reihenhaus in einer guten Gegend Londons. Es war die Art von Haus, das ein Makler als äußerst «günstige Gelegenheit» bezeichnen würde. Es bot die übliche Ausstattung der damaligen Zeit (Kamin, Stuckdecken und so weiter); man mußte aber sicher noch viel Arbeit hineinstecken, um den gewünschten Wohnstandard der Mittelschicht zu erreichen.
Nigel Barley: «Was werden Sie tun? Werden Sie alles auf den Kopf stellen, völlig verändern, umbauen?»
Liz: «Nein, nicht alles, aber sicher einen großen Teil.»
Nigel Barley: «Sie wollen es ganz bewußt zum Ausdruck Ihres eigenen Lebensstils machen?»
Liz: «So ist es. Ja.»
Nigel Barley: «Wünschen Sie sich manchmal, Sie hätten alles weggeworfen, wären einfach eingezogen und fingen ganz von neuem an?»
Liz: «Nein, denn in dem, was wir besitzen, steckt ein Teil von uns. Daher sagte ich auch zu dem Mann von der Umzugs-

firma: ‹Sie haben mein ganzes Leben dort auf dem Lastwagen› – schließlich sammelt man jahrelang Sachen an, die einem wahrscheinlich etwas bedeuten. Ich glaube nicht, daß man einfach über Nacht ein anderer werden kann. Ich denke, man behält immer irgendwelche Sachen zurück. Irgendwo da drin ist mein Teddybär, den ich schon als Kind hatte.»
Nigel Barley: «Dann ist Ihr ganzes Leben in diesen braunen Pappkartons verpackt?»
Liz: «So ist es. Schrecklich, nicht wahr? Ich frage mich, was geschehen würde, wenn das alles über Nacht verschwände. Wäre ich dann am nächsten Morgen eine andere Person?»
Nigel Barley: «Das frage ich mich auch! Vielleicht!»
Hier werden wir mit einer ganz anderen Einstellung zu den Dingen konfrontiert. Sie drücken nicht den Lebensstil einer Person aus oder den Gestaltungswillen einer Designerpersönlichkeit, sondern die eigene Biographie. Wenn man Gegenstände ständig benutzt und sie Erinnerungen wachrufen, gewinnt man sie «lieb». Es wäre gefühllos, sie wegzuwerfen, weil sie alt sind, und sie durch neue zu ersetzen. Wie im Fall der Milchkühe des Bauern oder bei Familienangehörigen hält man auch hier Kosten-Nutzen-Erwägungen für unangebracht. Diese Dinge gehören ins Reich der Gefühle.
Jedes Stück ist in gewissem Sinn ein materielles Souvenir, ein Andenken an die Vergangenheit. Die Bedeutung, die Gegenstände hier gewinnen, ist nicht die der Mode, sondern eher die eines Familienalbums. Vermutlich hat das Zuhause für viele Engländer eine ähnliche Bedeutung, weil es die private Persönlichkeit schützend umschließt. Dein Zuhause ist dort, wo dein Herz schlägt, wo du deinen Hut aufhängst – deine Burg.
Jeder Engländer kennt die traumatischen Erfahrungen von Hauskauf und Umzug. Es genügt schon, das Thema zu erwähnen, um immer schrecklichere Horrorgeschichten hervorzurufen. Wir sprachen mit Richard Landon, einem Spediteur. Er schätzt, daß fast die Hälfte aller Umzüge, die er mitgemacht hat, «zermürbend» waren.

Richard: «Frauen sind besonders betroffen, wenn Kinder dabei sind. Es ist schwierig, weil sie schließlich ins Bett müssen. Bei einem Umzug letzte Woche in Morden durften wir schließlich um 11 Uhr nachts einziehen, weil die Leute, die auszogen, so freundlich waren, uns hineinzulassen. Mit den Verträgen war etwas schiefgelaufen; man konnte die Anwälte nicht erreichen und so weiter. Schließlich sagten wir: ‹Sehen Sie, Sie müssen diese Leute einziehen lassen. Sie haben vier Kinder und ein Kinderbettchen.› Sie willigten ein, und wir konnten die Sachen einräumen. Die Übergabe der Verträge und das Geld, das von der einen Hand in die andere wechselt, davor haben die meisten Leute Angst.»

Von allen uns bekannten Völkern legen aber gerade die Engländer den größten Wert darauf, die Häuser, in denen sie leben, zu kaufen und zu besitzen. Weder Mühen noch Strapazen können sie davon abhalten.

Vor kurzem erhielt ich Besuch von einigen Indonesiern aus den Bergen. Sie stammten aus einem Volk, dem man lange Zeit ökonomische Unvernunft bescheinigte, weil es seinen Reichtum in Büffel investierte, die in großer Zahl bei Begräbnissen geschlachtet wurden. Sie dagegen fanden es völlig irrational, wieviel Geld, welchen Anteil vom Einkommen, welche Mühen die Engländer aufwenden, um in den Besitz eines eigenen Heims zu kommen. Es war ihnen unverständlich, warum jemand so viel für den Erwerb eines Hauses ausgeben sollte, in dem er sich nicht aufhalten konnte, weil er woanders arbeiten mußte, um es zu bezahlen. Die englische Identität ist aber nunmal eng mit dem Zuhause verbunden, wohingegen sich diese Indonesier mehr um die prächtigen Stammsitze ihrer Ahnen als um die bescheidenen Häuser, in denen sie selbst lebten, sorgten.

Nicht nur rechtliche und praktische Probleme entstehen beim Umzug in eine neues Haus. Liz erging sich beredt darüber, wie peinlich es ihr sei, die Häuser unter den Augen ihrer Bewohner zu besichtigen.

Liz: «Man muß sehr höflich sein und sich zusammennehmen,

wenn man vor einer fürchterlichen Tapete steht oder vor Möbeln, die man nicht mag. Das ist nicht einfach; auf der anderen Seite kommt jeder einmal in diese Situation und wird daher wohl Verständnis haben. Ich versuche immer, mit möglichst unbewegtem Gesicht herumzugehen, damit sie nicht das Gefühl bekommen, ich würde ihre Einrichtung kritisieren.»
Nigel Barley: «Aber wenn man auf der anderen Seite steht, spürt man doch, daß man beurteilt und die ganze Persönlichkeit vorgeführt wird.»
Liz: «Ja. Man erlebt sie wirklich als Eindringlinge. Wenn irgend jemand die Farbzusammenstellung oder die Tapete nicht mag, dann ist das gar nicht so leicht zu verkraften. Der eigene Geschmack ist dem kritischen Blick fremder Personen ausgesetzt, nicht wahr? Und wenn Menschen durch den Gesichtsausdruck offen zeigen, daß sie die Sachen, die man besitzt, fürchterlich finden, ist man tief verletzt.»
Unser persönlichster Besitz, das, was am meisten über uns aussagt, wird hier öffentlich zur Schau gestellt und – schlimmer noch – im Geist in Geld umgerechnet.
Darüber sprachen wir mit Patrick Meller, einem Immobilienmakler. Patrick ist jung (25), ehrgeizig, zweifellos ein Aufsteiger. Er leitet die Zweigstelle einer großen Immobilienfirma in Hayes. Hayes ist im Grunde eine «vornehme» Vorstadt der dreißiger Jahre, mit einer alten Hauptstraße und einer Bahnstation für die vielen Pendler. Vornehm ist sie auch, weil Bäume an den Straßen wachsen. Für diese Gegend sind Doppel- oder Einzelhäuser charakteristisch, jedes mit einem kleinen Vor- und Hintergarten. Hier wohnt eine überwiegend weiße Bevölkerung, junge Ehepaare, deren häusliches Leben sich zum großen Teil hinter der geschlossenen – regelmäßig gestrichenen – Haustür abspielt: Hayes ist wahrlich kein «Ort mit Straßenleben». Schulen sind wichtig, ebenso wie das Vorhandensein eines Grüngürtels. In der Tat besteht die örtliche Anwohnervereinigung, die Hayes Village Association, darauf, daß das «wahre» Hayes immer noch ein Dorf ist, und verbringt viel Zeit damit, Bäume anzupflanzen.

Patrick weiß, daß seine Stellung als Makler ihm auch feindselige Gefühle einträgt.
Patrick: «Ein Umzug ist für jeden sehr anstrengend und bringt nicht gerade die besten Seiten der menschlichen Natur zum Vorschein, was verständlich ist, weil ja der Mittelpunkt des Lebens verlagert wird. Unsereins wird da leicht zur Zielscheibe, ohne notwendigerweise etwas dafür zu können.»
Nigel Barley: «Unglücklicherweise läßt sich das kaum vermeiden. Sie setzen den Preis für das Haus fest, das Zentrum der Persönlichkeit, der Familie. In gewissem Sinn treten Sie wie ein Kuppler auf, der vorbeischaut und für die jungfräuliche Tochter eine Summe aushandelt.»
Patrick: «Genauso ist es.»
Der Job des Immobilienmaklers besteht im wesentlichen darin, das Heim der Familie mit Geld aufzuwiegen, den Kommerz in das Allerheiligste der Privatsphäre zu tragen.
Auffallend in Hayes ist, daß die Häuser, von denen viele zur gleichen Zeit in gleicher Form erbaut wurden, heute sehr verschieden sind.
Patrick: «Jedes Haus ist anders. Wenn Sie ein Eigenheim betreten, spüren Sie, daß es nach bestimmten Vorstellungen gestaltet ist. Jedes trägt seinen Stempel, den die betreffende Person ihrem Besitz aufgedrückt hat.»
Das englische Haus hat eine strenge Gliederung. In Hayes fängt das mit dem Vorgarten an. Patrick ist fest davon überzeugt, daß der Hayessche Vorgarten wichtig ist. Man müsse ihn nur gut pflegen – wie die blank geputzten Eingangstreppen gartenloser Reihenhäuser –, könne sich aber kaum vorstellen, daß sich hier irgendwann jemand hinsetzen würde, wie das im hinteren Garten üblich ist. Die Vorderseite ist das Gesicht des Hauses.
Die nächste wichtige Schranke ist die Haustür mit ihren verschiedenen Schlössern, Klopf- und Klingelvorrichtungen – auch sie ist ein Objekt kunstvoller Gestaltung. Wacklige Häuser schmücken sich gern mit einer teuren «georgianischen» Tür mit Messinggarnierung. Nach englischem Recht ist es ein

besonders schweres Vergehen, sich gewaltsam Einlaß in ein Privathaus zu verschaffen. Engländer empfinden einen Einbruch oft so, als hätte man ihnen persönlich Gewalt angetan. Das Zuhause ist eben ein machtvolles Symbol der Integrität des Individuums.

Direkt hinter der Tür, von der Diele abgehend, liegen die öffentlichen Räume. Früher besaßen viele englische Häuser einen «Vorderraum», der in bestem Zustand gehalten wurde und nur für den Empfang von Besuchern bestimmt war. Er gehörte zum öffentlichen Gesicht des Hauses. Dieser Brauch ist heute weitgehend untergegangen. Die Räume werden danach getrennt, was man in ihnen tut, sitzen, essen, seinen Stuhlgang verrichten und so weiter. Dadurch wird betont, daß das Haus ein physisches Objekt ist, dessen Maßstab der menschliche Körper bildet. Im Idealfall sollten die einzelnen Funktionen nicht in einem Raum verrichtet werden. Nur wenn man krank oder gebrechlich ist, kann es gerechtfertigt sein, im Schlafzimmer zu essen. Stets getrennt sind die Räume für Waschen und Stuhlgang, die die öffentlichsten (alle haben zu ihnen Zugang) und die privatesten (sie werden am häufigsten abgeschlossen) sind. Für Außenstehende sind die Räume in unterschiedlicher Weise zugänglich. Im Wohnzimmer zu sitzen ist ein förmlicher Akt, in der Küche weniger. Badezimmer dürfen mit Erlaubnis benutzt werden.

Sehr wichtig ist das Schlafzimmer. Hier kommt es zu den intimsten sexuellen Aktivitäten, und deshalb gelten diese Räume als die persönlichsten. Der Zugang zu ihnen unterliegt gewissen Regeln, nur bei ganz kleinen Kindern wird eine Ausnahme gemacht. Der Zutritt zu diesen «sexuellen» Bereichen des Hauses ist ebenso begrenzt wie der zu den sexuellen Zonen des Körpers. Haustiere haben hier in den meisten Fällen nichts zu suchen. Man klopft an eine fremde Schlafzimmertür wie an eine Haustür an. Nach dem Ideal des modernen Engländers hat jede Person oder jedes sexuell verbundene Paar einen eigenen Schlafraum; neue Verbindungen erfordern ein neues Haus, wodurch die Verteilung der

Schlafzimmer zu einer Landkarte sexueller Identitäten wird. Begreiflicherweise sind es diese Räume eines Hauses, die am stärksten durch die Persönlichkeit des Eigentümers geprägt sind. Bei Erwachsenen zeigt sich das im Regelfall durch die Wahl der Möbel, bei Teenagern durch Bilder, die ihre sportlichen Interessen und verhaltene sexuelle Phantasien widerspiegeln – sie breiten buchstäblich ihre Persönlichkeit über die Wände aus.

Immer wenn Patrick ein Haus besichtigte, um seinen Wert abzuschätzen, war er sich über Alter, Geschlecht und Stellung des Familienangehörigen, dem ein bestimmtes Schlafzimmer gehörte, sofort im klaren. Der Schlafraum des Familienoberhauptes und das Wohnzimmer waren fast immer im gleichen Stil gehalten und verrieten den Einfluß der Ehemänner oder ihrer Frauen auf das Haus. Das englische Haus ist ein beeindruckendes Kulturdokument – seine Chiffren zu lesen ist genauso aufregend, wie anderer Leute Post unter Wasserdampf zu öffnen.

Eine merkwürdige Bindung haben die Engländer an den Kamin. Obwohl offene Feuer für den eigentlichen Heizzweck zum großen Teil entbehrlich sind, schätzt man sie im Wohnzimmer über alles. Enorme Summen werden für verzierte Kamine ausgegeben, die man sogar von einem Haus zum anderen «mitnimmt». In letzter Zeit hat es Fälle von Kamindiebstahl aus leerstehenden Häusern gegeben. Überdies sind verschiedene Arten künstlicher Kaminfeuer erfunden worden, teure und aufwendige Geräte, die gekauft und eingebaut werden, auch wenn sie überhaupt nicht heizen.

Englische Häuser verlangen geradezu nach einem Kamin, der die Anordnung der Möbel bestimmt, zumindest im Wohnraum, wo die Sitzgelegenheiten auf ihn gerichtet sind. Selbst im britischen Kolonialreich hatten die der Heimat Fernen nichts Besseres zu tun, als im heißesten Tropenklima einen Kamin zu bauen – ein offensichtliches kulturelles Bedürfnis. Angehörige anderer Kulturen fühlen sich in englischen Räumen oft unbehaglich, weil sich die Menschen im zwanglosen Gespräch nicht in die Augen sehen, sondern unter Umständen sogar auf eine leere Feuerstelle starren. In englischen Räumen von heute verlangt natürlich der Fernseher seinen Tribut an Aufmerksamkeit. Eine solche Bedeutungskollision wird häufig dadurch bewältigt, daß man den Fernseher neben den Kamin stellt.

Wie kann man diese merkwürdige Bindung an überflüssige technische Errungenschaften erklären? Die Engländer rechtfertigen ihr Festhalten am Kamin mit Begriffen wie «Behaglichkeit» oder ähnlichem. Oft wird betont, daß solche Feuer nur zu besonderen Gelegenheiten angezündet werden: zu Weihnachten, zum Abendessen mit Freunden oder anderen Anlässen. Irgendwie hat man das Gefühl, daß sie einen Raum behaglicher machen – wie Kerzen auf dem Eßtisch. Geht man dem nach, gewinnt man den Eindruck, daß diese Vorstellung von Gemütlichkeit im wesentlichen zwischen Innen und Außen unterscheidet. Dazu steht nicht im Widerspruch, daß einer der Informanten bemerkte: «Offene Feuer lassen mich immer an die Lagerfeuer bei den Pfadfindern denken. Man sitzt mit seinen Freunden in dem kleinen Kreis aus Wärme und Licht – und die Außenwelt ist entschwunden. Man ist wirklich zusammen.» Draußen mag es kalt und bedrohlich sein; drinnen ist es warm und sicher. Der Kamin ist somit mehr als ein Heizgerät. Er ist eine kulturelle Errungenschaft, die das Haus als schützenden Raum, als Heiligtum, und den Wert der Gastfreundschaft betont – fast ein Altar häuslicher Tugenden und das Gegenstück zu jener anderen großen Erfindung, der Haustür.

Sinnlichkeit

In Hayes hatten wir das Glück, an einer «Parfümparty» teilnehmen zu dürfen. Diese Ereignisse finden in häuslicher Umgebung statt, das heißt in einem Kontext, in dem sich kommerzielle Gedanken eher verdrängen und billige Nachahmungen wohlbekannter Düfte dank heimischer Atmosphäre besser verkaufen lassen. Nach kurzer Einführung durch die Beraterin werden die Teilnehmer ermuntert, Düfte auszuprobieren und herauszufinden, welches Parfüm zu ihrer Persönlichkeit paßt. Um eine stimmige Figur abzugeben, muß man anscheinend auch hier die eigene Identität über Bord werfen.

Diese Vermarktung der Gerüche ist die Anwendung der Devise «Persönlichkeit durch Besitz» auf den flüchtigsten aller Sinne. Man hat behauptet, Düfte seien in besonderem Maß dazu geeignet, Erinnerungen und Assoziationen wachzurufen, weil sie jenseits der intellektuellen Kraft der Sprache wirken würden. Der Wortschatz für Gerüche ist in der westlichen Welt bekanntlich unpräzise und schwach entwickelt – nur in der römisch-katholischen Kirche werden sie relativ gezielt eingesetzt. Auf unserer Party hat man ihnen Nummern gegeben. Colette Gibbons, die die Düfte vorführt, erklärt uns, wie die Auswahl zustande kommt. Da gibt es natürlich Parfüms, die für kleine, alte Damen gedacht sind, wie Lavendel; aber Colette meint, daß ein Duft vor allem mit der Stimmung zu tun hat.

Colette: «Wenn es mir schlecht geht, wähle ich einen leichten, frischen, fruchtigen Duft. Wenn ich mich sehr dynamisch und extrovertiert fühle – nach einem guten Tag –, nehme ich ein Parfüm von orientalischer Schwere oder auch Moschusduft.»

Auch der Unterschied zwischen Frauen und Männern wird hier bedeutsam. Weibliche Parfüme enthalten den Duft von Rosen, Tudor Rosen, Rittersporn, Geranien, Lavendel, während die der Männer aus Blättern, Rinden oder Harzen bestehen: Zedernholz, Sandelholz, Moose, Flechten. Heutzutage jedoch haben sich Frauen neue Rollen erobert und dürfen auch «männliche» Düfte tragen. Einige Frauen erzählten mir sogar, daß sie ein Parfüm nur für die Hausarbeit hätten. Besondere Anlässe, Parties, Einladungen zum Essen und so weiter, würden durch einen teureren Duft gekrönt. Es scheint, als sei man ohne Parfüm nicht vollständig angezogen.

Schlußbemerkung

Mit Jim Batchelor, meinem eingeborenen Informanten, kehrten wir zurück ins Eastend, um zu überprüfen, ob seine Jugenderinnerungen an einen freundlichen Ort noch mit der Wirklichkeit übereinstimmten.

Nigel Barley: «So Jim, das ist nun das Eastend, Ihr altes Revier, von dem Sie geträumt haben, als wir auf dem Land waren.»

Jim: «Nun ja, es ist nicht mehr ganz so wie früher.»

Nigel Barley: «Nehmen Sie es mir nicht übel: Es sieht etwas trostlos aus.»

Jim: «Früher war es nett. Es war einmal ein kleines, eigenständiges Dorf. Hier standen kleine Cottages, und jeder kannte jeden. Aber seit diese Hochhäuser hier sind, ist alles irgendwie kaputt.»

Er hatte recht. Nur eine dumpf vor sich hin brütende Ansammlung von grauen Hochhäusern ragte über die neuere Stadtentwicklung der Docklands, die architektonischen Paradiesvisionen von neuem Eigentum, neuen Identitäten. Selbst Jim, ein überzeugter Stadtmensch, fand die Art von Gemeinschaft, an die er sich erinnerte, nicht mehr hier, sondern auf dem Lande.

KÖRPER-KULTUR

«Eine Art Erleuchtung kam mir im Krankenhaus. Ich war krank in New York. Ich fragte mich, wo ich junge Mädchen gesehen hatte, die wie meine Krankenschwestern gingen. Ich hatte genug Zeit, darüber nachzudenken. Ich fand schließlich heraus, daß es im Kino gewesen war. Nach Frankreich zurückgekehrt, bemerkte ich vor allem in Paris die Häufigkeit dieser Gangart: die jungen Mädchen waren Französinnen und gingen auch in dieser Weise. In der Tat begann die amerikanische Gangart durch das Kino bei uns verbreitet zu werden. Dies war ein Gedanke, den ich verallgemeinern konnte.»

Marcel Mauss, *Soziologie und Anthropologie*

Wie das Zitat von Mauss andeutet: Den natürlichen Körper gibt es nicht. Der menschliche Körper ist immer kulturell geprägt. Sogar die einfachsten physischen Tätigkeiten und Verrichtungen – Gehen, Essen, Stuhlgang – sind zutiefst von der Kultur bestimmt. Der stolze, rhythmische Gang westindischer Männer und das Trippeln der Thailänder sind beide erlernt und haben richtige und falsche Interpretationen auf sich gezogen. Der Gang amerikanischer Frauen erregte Anstoß, in London ebenso wie in Paris. Als die Ladies aus den USA in zunehmender Anzahl in der edwardianischen Hauptstadt auftauchten, mußten sie zu ihrem Entsetzen feststellen, daß man sie aufgrund ihrer charakteristischen Gangart für Prostituierte hielt und sich ihnen entsprechend näherte.

Der Mann auf der Straße zieht am liebsten von der körperlichen Gestalt allgemeine Rückschlüsse auf den Menschen und seine Verhältnisse. Unter den Erdenbewohnern gibt es – das ist bekannt – geringe Abweichungen, gewisse Unterschiede, was Haarqualität, Hautfarbe und Körpergröße anbetrifft. Dem Menschen blieb es vorbehalten, aus dergleichen kleinen Unterschieden eine große Theorie evolutionärer Stadien, moralischer und sozialer Entwicklung zu basteln, wie das im Westen in den vergangenen Jahrhunderten geschehen ist. Denn der Körper ist nicht nur ein Gefäß, in dem das geistige Selbst wohnt, sondern eine Ausdrucksmöglichkeit, dem unsere tiefsten Sorgen gelten.

Der schmutzige Körper

Ein guter Ort, um uns unsere Auffassungen vom Körper deutlich vor Augen zu führen, ist die Stripteasebar. Diese Einrichtungen verdanken sich außerordentlich elementaren Vorstellungen vom menschlichen Leib in unserer Kultur. Der Körper ist gewöhnlich bekleidet. Der sogenannte «nackte Affe» besteht darauf – und das zeichnet ihn aus –, Kleider zu tragen, will er doch eine Welt der Kultur erschaffen. Deshalb macht sich derjenige, der sich in der Öffentlichkeit nackt auszieht, eines Vergehens schuldig. Die Engländer finden es auf der einen Seite verrückt, daß arabische Frauen ihr Gesicht vor der Öffentlichkeit verhüllen, sind aber auf der anderen Seite schockiert, wenn afrikanische Männer ihre Geschlechtsteile nicht bedecken. Paradoxerweise betrachtet man beide Abweichungen von englischer Sitte, den «übermäßigen» und den «unzureichenden» Einsatz von Kleidung, als Zeichen von Primitivität. Doch leben die Engländer mit einer ähnlichen Unterscheidung zwischen öffentlichen und privaten Körperteilen; nur was man zu der einen oder anderen Kategorie zählt, ist verschieden. Das System ist dasselbe, nur die Grenzen haben sich verschoben.

Im Striplokal werden Regeln der englischen Kultur mißachtet, und zwar mit voller Absicht. Hier werden «private Körperteile» als öffentliches Schauspiel vorgeführt. Man bezahlt einzig und allein fürs *Zuschauen.* Jim Batchelor sah die ganze Sache mit anderen Augen als ich.

Jim: «Das ist doch das Geld wert. Meinen Sie nicht?»

Nigel Barley: «Na ja, ich habe einmal versucht, das einem Lehrer in Afrika zu erklären, aber er konnte es einfach nicht begreifen. Er sagte, das sei so, als würde man jemand eine gute Mahlzeit vorsetzen und sie abräumen, bevor er aufgegessen hat.»

Jim: «Dann hätte er sich eben beeilen müssen.»

Eine Striptease-Show verletzt mindestens zwei feste Grenzen innerhalb der englischen Kultur: zwischen Öffentlichem und Privatem einerseits, Sexualität und Kommerz andererseits. Folglich ließ man sich zwei wirkungsvolle Ausreden einfallen: die «Kunst» und die «Natürlichkeit» des menschlichen Körpers. Jim fügte noch als dritte hinzu: die Gesundheit.

Nigel Barley: «Meinen Sie nicht, daß all das mit einer tiefen männlich-chauvinistischen Voreingenommenheit in unserer Kultur zu tun hat, mit einer kapitalistischen Tendenz, den weiblichen Körper als Ware zu betrachten, die man kauft und verkauft?»

Jim: «Nein. Es ist doch bloß ein sauberer Spaß und befreit die Menschen. Manche haben noch nie eine Frau nackt gesehen und kommen deswegen hierher. Das ist ein harmloses Vergnügen.»
Nigel Barley: «Tut das einem gut?»
Jim: «Oh ja, sehr gut.»
Nigel Barley: «Dann sind Sie hier, weil es gesund ist?»
Jim: «Ja. Es nimmt dir viel von der Seele.»
Erwartungsgemäß sind diese Orte einer moralischen Zensur und Vorschriften, die ihre Operationssphäre begrenzen sollen, ausgesetzt. In den Augen mancher Leute sind Darbietungen dieser Art ein «schmutziges» oder zumindest ein heuchlerisches Geschäft. So müssen pornographische Magazine in England auf den obersten Regalen der Zeitungsläden liegen. Die Kultur ist ein weites Feld; wir bewegen uns hier auf der Ebene von «Regeln über das Brechen von Regeln».

Der Körper in Reinkultur

Als ich ein Kind war, wurde alles Körperliche als etwas betrachtet, dessen man sich schämen mußte. Besonders Männer sollten sich nicht erkennbar um ihre äußere Erscheinung kümmern. Andernfalls gerieten sie in den Verdacht entsetzlicher moralischer Verkommenheit. Beim Sport sollte man «Teamgeist» lernen oder wie man ohne Schadenfreude triumphiert und wie man verliert, ohne in Tränen auszubrechen. Der Sport schien auch ein probates Mittel, das ungebärdige Fleisch und seine Versuchungen zu bändigen.
Heutzutage ist das genau umgekehrt. Körperliche Aktivität und Diätkuren stehen hoch im Kurs, weil sie die Gesundheit fördern und die sexuelle Attraktivität steigern. Mönchische Selbstdisziplin führt geradewegs zu mächtiger Zügellosigkeit: Heute fasten, um morgen zu prassen. Der Sport dient überdies als Rechtfertigung, um den enganliegenden Sportdress zu tragen, der seit einigen Jahren im Mittelpunkt modi-

scher Kreationen steht und für viele zur Alltagskleidung geworden ist.

In einer Welt verwertbarer Identitäten kann man einen Menschen für seine physische Erscheinung sehr wohl verantwortlich machen. Gymnastik, plastische Chirurgie und Bodybuilding sind heute einfach eine Folge davon, daß man mit der Spiegelidentität lebt: Du bist, was dir die Reaktionen der anderen sagen.

Wir besuchten eine Gesundheitsfarm auf dem Land, im vornehmen Surrey, im Einzugsbereich von dickbäuchigen Börsenmaklern. Das Gebäude war einst Landsitz eines Industriemagnaten; seine Fassade kündet von kommerziellem Erfolg und dem Wohlstand des Landadels in den an London grenzenden Grafschaften.

Nach Auskunft des Managements kommen die verschiedensten Menschen hierher. Wir sahen aber hauptsächlich die wohlhabenden Hängebacken mittleren Alters. Ich fragte Jane Roberts, die überwältigend gesund aussehende Trainerin, warum Menschen diese Klinik aufsuchten.

Jane: «Viele Leute glauben, sie kämen nur zum Abnehmen hierher; aber das entspricht kaum der Realität. Ungefähr 20 Prozent der Patienten besuchen die Klinik, um abzunehmen. Die anderen kommen, weil sie erschöpft sind und nicht irgendwo Urlaub machen wollen; sie fahren hierher, weil sie äußerst gestreßt sind und sehr hart gearbeitet haben und jetzt einmal abschalten wollen.»

Nigel Barley: «Dann ist das hier eine Art Rückzug von der Außenwelt?»

Jane: «Ja. Sie fahren durch das Tor und haben das Gefühl, an einem Ort zu sein, wo man sie verwöhnt und umsorgt und sie sich von der Welt abschotten können.»

Die Schönheitsfarm ist aber auch ein vertrautes Abbild der Welt. Gesundheit wird als etwas Natürliches angesehen. Krankheit ist eine Abweichung von diesem Zustand und wird entweder als Strafe oder als direkte Folge der «unnatürlichen Lebensweise» innerhalb unserer Zivilisation angesehen. Würden wir naturgemäß leben, wäre alles in Ordnung, statt dessen versündigen wir uns gegen den natürlichen Lauf der Welt. Wir stellen uns Natürlichkeit in der Regel wie einen Stock vor, mit dem wir jemand zurück in die Reihe prügeln. Auf der Schönheitsfarm ist man gewohnt, die gesamte Lebensweise in Frage zu stellen; wir haben diese Haltung schon im Mythos vom Lande kennengelernt. Seit langem schon wird Krankheit als Folge von Nachlässigkeit gedeutet: Rauchen verursacht Krebs, Trinken führt zu Zirrhose (früher lag die Betonung auf Gicht), sexuelle Ausschweifung zu AIDS (früher hieß es Geschlechtskrankheit und davor Lepra). Krankheiten tauchen wie auf Bestellung auf und verschwinden wieder. Hysterie war im 19. Jahrhundert ein Frauenleiden, das man mit zu niedriger Geburtenzahl in Verbindung brachte; zugleich schrieb man – in einem Zeitalter unverheirateter Younger Sons – viel über die angeblich katastrophalen gesundheitlichen Folgen männlicher Selbstbefriedigung. Anfang dieses Jahrhunderts wurden Frauen, die gezwungen waren, das Haus zu verlassen, das sie als ihre ureigenste Sphäre betrachteten, von Platzangst heimgesucht. Heute leiden viele an Magersucht, besonders Frauen, die ihr Leben durch Körperbeherrschung meistern wollen – eine Krankheit infolge zu geringen Konsums.

Das Angebot der Gesundheitsfarm, Diät, Bewegung, Massage, Aromatherapie, läßt sich in zwei Gruppen teilen. Ein Teil dient dazu, das widerspenstige Fleisch zu zähmen. Hierbei spielt Leiden eine sehr wichtige Rolle. Die Qualen sind der Gradmesser dafür, wieviel «Gutes» man sich antut. Die Sprache der Instruktorinnen legt davon beredtes Zeugnis ab. «Das hier ist kein Urlaub!» schreien sie. «Arbeiten Sie an sich! Stellen Sie sich vor, daß Sie mich schlagen! Hassen Sie mich!»

Die Menschen hier geben die Kontrolle über ihren Körper in einem Maß ab, wie sie das seit ihrer Kindheit nicht mehr erlebt haben. In unserer Kultur ist man zum vollwertigen Mitglied in der Gemeinschaft der Erwachsenen geworden, wenn man die Herrschaft über den eigenen Körper errungen hat.

Viele Männer erinnern sich noch, daß sie in der Schulzeit ihr Haar bis auf den Hemdkragen wachsen ließen und sich dabei vorkamen, als hätten sie über die ganze Gesellschaft gesiegt. Auch Sexualität ist im Spiel. Wir definieren die Kindheit als asexuelles Stadium und sorgen mit Gesetzen dafür, daß Kinder kein Recht haben, sexuelle Entscheidungen über sich selbst zu treffen. Und vor kurzem haben wir geistig Behinderten die Sexualität abgesprochen. Es gibt Anzeichen dafür, daß wir Menschen dann als «alt» bezeichnen, wenn sie nicht mehr sexuell aktiv sind.

Das Bild der Gesundheitsfarm wird auch von Prozeduren wie Reinigen, Waschen, Schwitzen, Entschlackung bestimmt, die das Böse der Zivilisation aus uns heraustreiben sollen. Die Klinik spiegelt diese Reinlichkeit ebenso wider, wie das Striplokal schmutzig und schmierig war.

Andere Aktivitäten konzentrieren sich darauf, den Leib kosmetisch zu verhätscheln: Durch Gesichtspackungen, Massage, Wachsbehandlungen und so weiter. Die Klinik hat einen Friseur und eine Boutique und beruhigende Rechtfertigungen, die Gesundheit mit Attraktivität gleichsetzen.

Jane: «Ich denke, daß man sich automatisch besser fühlt, wenn man besser aussieht. Wenn man sich wirklich vernünftig ernährt und für sein Äußeres etwas getan hat, geht es einem zwangsläufig besser.»

Nigel Barley: «Also muß auch etwas im Kopf geschehen, damit man sich um seinen Körper kümmert?»

Jane: «Ja. Es ist ungeheuer wichtig, daß beide miteinander verbunden sind.»

Für mich war die Massage eine Message. Zuerst wurde nicht irgendein Öl verwendet, sondern diverse aromatische Öle, deren Duft entweder anregen oder entspannen sollte. Bei der Massage wird einem der eigene Körper unvermeidlich bewußt, allein schon deshalb, weil er einem leidenschaftslosen Blick ausgesetzt ist und durch die Berührungen des Masseurs erforscht wird. Erst am nächsten Tag spürt man die Schmerzen.

Einmal ging ich in einem indonesischen Dorf zu einer Massage, die ausgezeichnet war. Der Mann regte sich gewaltig auf, wie schlampig die Europäer mit ihrem Körper umgingen, und massierte etwa eine Stunde lang. Danach funktionierte alles erstmal ganz prima. Am Tag darauf allerdings konnte ich nicht einmal mehr gehen.

Diät wird in der Klinik großgeschrieben. Ich sprach mit Jillian Adams, einer Diätistin. Unsere unterschiedlichen Aufgaben waren unmittelbar an der Kleidung abzulesen: Ich hatte mich in einen Trainingsanzug schwatzen lassen, um sportlichen Eifer zu signalisieren; sie steckte in der grauenhaft frisch gestärkten Uniform einer Krankenschwester.

Jillian: «Das wichtigste, was ich vermitteln will, ist, Verbindung zum Körper aufzunehmen. Sogar wenn die Leute nur zwei oder drei Tage hier sind, fangen sie an, bewußt zu essen. Sie essen nicht mehr gewohnheitsmäßig. Sie essen nicht, um zu kompensieren, um sich abzuregen.»

Dennoch gesteht Jillian mit gequältem Lächeln ein, daß für die meisten Insassen das Menü, das am Schwarzen Brett aushängt, die entscheidende Lektüre des Tages ist.

Essen ist, wie Kleidung, ein traditionelles Mittel, Persönlichkeit zu beweisen. Man ist, was man ißt. Wenn man sich gesund ernährt und gesund kleidet, dann *ist* man auch gesund. Gesundes Essen ist «reich an Faserstoffen, fettarm, salzarm, zuckerarm und natürlich alkoholfrei». Eine Menge rohes Gemüse ist dazu notwendig, und alles macht einen ausgesprochen mönchischen Eindruck. Selbstverständlich ist es «naturbelassen», wenn auch einige Grenzen nicht überschritten werden: Rohes, blutiges Fleisch wird hier nicht serviert.

Die Grenzen des Körpers kennenzulernen ist ein erfolgreicher Weg, sich selbst zu finden – wie viele Religionen der Welt bewiesen haben. Daher wird man von Gesundheitsfarmen hauptsächlich erwarten dürfen, daß man sich selbst in einem neuen Licht zu sehen lernt.

Diese Institutionen haben sich zum Ziel gesetzt, die kartesianische Körper-Geist-Dualität zu untergraben, von der Philosophen und Anthropologen unentwegt schwätzen. Eine Gesundheitsfarm reduziert jeden auf seinen Körper, wie das Striplokal die Stripperin. Man spürt, daß man rund um die Uhr eine fleischliche Hülle hat, die einem meistens gar nicht bewußt wird.

Jim scheint eher die allgemein vorherrschenden Ansichten zu diesem Thema als die Meinungen des Klinikpersonals zu teilen. Vorbild des menschlichen Körpers ist in seinen Augen das Auto, eine bloße Maschine.

Nigel Barley: «Die Frage ist nur, ob Ihr Körper ein Porsche ist oder ein alter Klapperkasten.»

Jim: «Na ja, eigentlich ist er ein Ford Cortina ... er läuft und läuft und läuft!»

Der Scherz hat einen ernsten Hintergrund. Die Vorstellung des Körpers als Maschine liegt weitgehend der westlichen Medizin zugrunde und hat erhebliche Folgen: Funktionsstörungen werden wie mechanische Mängel diagnostiziert; eine feste Grenze wird zwischen physischen und psychischen Erkrankungen gezogen; Gesundheit und Krankheit, medizinische und soziale Probleme werden feinsäuberlich getrennt; Defekte werden behoben, indem man neue Ersatzteile einsetzt. Dieser Vergleich zeigt auch leicht optimistische Züge: Nachdem das Auto, das man neu erworben hat, eingefahren ist, geht alles langsam den Bach herunter. Abnützung ist natürlich und unvermeidlich.

In unserer Kultur gibt es bereits warnende Mythen vom «Maschinenkörper»: Frankenstein und den außer Kontrolle geratenen Roboter, der in der Science Fiction so beliebt ist.

Der medizinische Körper

> «In jeder Gemeinde ab einer bestimmten Größe verfügen die Medizinmänner über einen beeindruckenden Tempel, *latipso** genannt. Die aufwendigeren Zeremonien zur Behandlung sehr kranker Menschen können nur in diesen Tempeln stattfinden. An diesen Zeremonien ist nicht nur der Zauberer beteiligt, sondern auch eine Gruppe Vestalinnen, die in verschiedenen Kostümen und mit unterschiedlichen Haartrachten durch die Kammern des Tempels gleiten...
> Der Hilfesuchende, der den Tempel betritt, wird zuerst entkleidet. Im alltäglichen Leben vermeidet der Nacirema, seinen Körper oder die natürlichen Funktionen bloßzustellen. Baden und Ausscheidung geschehen nur in aller Heimlichkeit, versteckt vor den häuslichen Altären ... Ein psychischer Schock ist die Folge, wenn die körperliche Intimität beim Eintritt in den *latipso* plötzlich verlorengeht. Ein Mann, dessen Frau ihn niemals beim Stuhlgang gesehen hat, findet sich plötzlich nackt wieder und verrichtet, von einer vestalischen Jungfrau unterstützt, seine natürlichen Funktionen in ein heiliges Gefäß ... Weibliche Patienten müssen feststellen, daß ihre nackten Körper der Berührung, Untersuchung und Behandlung durch die Medizinmänner ausgesetzt sind.»**

Der medizinische Leib wird ganz anders kartographiert als der Körper, mit dem wir vertraut sind. Seine Sprache ist vorwiegend Lateinisch (oder vom Lateinischen abgeleitet). Unbeteiligt und verbissen unerotisch verzeichnet sie die sexuellen Zonen. Übersetzte man die anatomischen Andeutungen in einem erotischen Roman in medizinische Begriffe, wären sie nicht mehr pornographisch, sondern nur noch zum Lachen. Feste Regeln schreiben vor, daß der Körper für den Arzt weder sexuell noch ästhetisch von Interesse sein darf. Verletzt er diese Norm, riskiert er, wegen «unprofessionellen Verhaltens» von der Liste gestrichen zu werden.

* *latipso* = Hospital rückwärts gelesen. (Anm. d. Ü.)

** Horace Miner, «Body Ritual among the Nacirema (American rückwärts gelesen!»), *American Anthropologist*, 58, 1956, 503–7

Obgleich sie Universalität und moralische Neutralität, die Ideale der Naturwissenschaften, betont, ist die Medizin doch eine *soziale* Wissenschaft. Ihre Grenzen sind eindeutig gesellschaftlich bedingt. Manches gerät in den Einzugsbereich der Medizin und fällt wieder aus ihm heraus. So beschloß die American Psychiatric Association 1974 *per Abstimmung*, daß Homosexualität keine Krankheit ist; über Nacht war Homosexualität keine Krankheit mehr. Ob man psychische Störungen oder Kriminalität als Krankheit ansieht, hängt in erster Linie davon ab, wie man die Bedeutung von persönlicher Verantwortung, Erbanlagen und gesellschaftlichen Einflüssen einschätzt – von allem, was unsere Vorstellung vom Individuum beeinflussen kann. Alkoholismus und Drogensucht stehen im allgemeinen in einem ähnlich linkischen Verhältnis zu medizinischen und juristischen Berufen. Selbst die Vorstellung vom Tod, die den Verlust des individuellen Bewußtseins in den Mittelpunkt rückt, ist eher kulturell als physisch bedingt. Vereinfacht ausgedrückt, erstickt die Erklärung, daß ein Problem ein Fall für die Medizin ist, das Gefühl für die Verantwortung des Einzelnen.

In der englischen Kultur wird Gesundheit als Norm und Krankheit als Abweichung betrachtet. In vielen Teilen der Welt schreibt man eine Krankheit unter Umständen der bösartigen Zauberkraft anderer Menschen zu. Die englische Metaphysik kennt eine solche Möglichkeit nicht. Wenn man krank wird, hat man zufällig Pech gehabt. Das läßt sich nicht erklären. Wenn man «Glück» hat, wird man nicht krank; andernfalls hat man eben «Pech».

Wir fuhren nach Dorchester in Dorset, um die ärztliche Kunst in Augenschein zu nehmen. Wir hatten Glück, zwei sehr unterschiedliche Doktoren zu finden, die uns zusehen ließen, wie sie lebten, und uns ihre Ansichten über die gegenwärtige Medizin mitteilten. Der erste hieß Dr. Charles Campion-Smith, ein praktischer Arzt in den Vierzigern. Charles arbeitet in einer Gruppenpraxis mit zwei anderen Ärzten und einem Praktikanten. Er ist mit Sue verheiratet, einer ehemaligen

Hebamme; sie haben drei kleine Kinder. Er weist die Auffassung entschieden zurück, daß Ärzte nur für die Behandlung von Krankheiten zuständig sind, eine Haltung, die er immer wieder bei seinen Praktikanten feststellt.

Charles: «Die ersten Monate, kann man fast sagen, vergehen damit, sie zu ‹entschulen›, sie aus den eingefahrenen Bahnen der Schulmedizin zu lösen. Wir sehen uns den kranken Menschen an und versuchen dann, auch die Familien zu berücksichtigen, die möglicherweise krank ist und nicht funktioniert, ohne daß man das mit klinischen Kategorien fassen könnte.»

Charles akzeptiert die Grenze zwischen Körper und Geist nicht: «Geist, Körper, Familie. Wir kurieren nicht nur an der Oberfläche herum.» Woraus aber auch Schwierigkeiten erwachsen können.

Charles: «Es ist auch nicht gut, wenn man die Lebensprobleme zu Krankheiten erklärt. Verschreibt man einem Menschen, der nach einem Trauerfall oder dem Tod des Partners unglücklich ist, zum Beispiel Tabletten, bestreitet man, daß es normal ist, nach einem Verlust unglücklich zu sein, und behandelt diesen Zustand wie eine Krankheit.»

Nigel Barley: «Was machen Sie, wenn Menschen zu Ihnen kommen, die an Depressionen leiden? Sie sind arbeitslos, leben in schlechten Wohnverhältnissen, das Leben ist alles andere als schön für sie. Sagen Sie dann einfach: ‹Ja, Sie haben allen Grund, depressiv zu sein, Ihr Leben ist zutiefst bedrükkend›; oder möchte der Patient nicht lieber, daß Sie als Arzt ihm etwas verschreiben?»

Charles: «Das ist eine ganz vertrackte Angelegenheit, denke ich. Man muß nämlich versuchen, die Menschen, die begründet unglücklich sind, von denen zu trennen, die krankhaft depressiv sind, was sogar mehr bedeutet als tiefes Unglücklichsein ... Häufig kann man Menschen einfach durch Verständnis und Sympathie helfen.»

Seine Frau Sue hat Vergleichbares erlebt, als sie noch als Hebamme arbeitete.

Sue: «Es gibt viel mehr männliche als weibliche Geburtshelfer, die die Geburt häufig wie eine Krankheit behandeln. Sicher kann etwas schiefgehen, aber es ist doch ein natürlicher Vorgang.»

Wie nicht anders zu erwarten, hat jede Kultur ganz unterschiedliche Vorstellungen von dem, was natürlich ist oder wann man «zu Recht unglücklich» ist. Denken wir auch an die vielen Alterserscheinungen. Früher galten sie als unvermeidlich; doch die Entdeckung «schleichender Krankheitserreger» und die zunehmende Umweltvergiftung haben dazu geführt, daß man sie heute eher als Krankheiten betrachtet. Man könnte eine Parallele ziehen zu einem alten Problem in Ägypten. In manchen Landstrichen Ägyptens befällt die durch Wasser übertragene Krankheit Bilharziose die Arbeiter in den Bewässerungsgräben. Das erste Symptom, Darmblutungen, tritt bei den Jungen ungefähr dann auf, wenn die Mädchen ihre Menstruation bekommen; die Auffassung, daß es sich beide Male um völlig natürliche Prozesse handele, hat sich bis heute hartnäckig erhalten. Wenn Mädchen heranwachsen, menstruieren sie; wenn Jungen heranwachsen, bekommen sie Darmblutungen. Beides gilt in jener Kultur als ein «natürlicher» Vorgang.

Unübersehbar ist, daß Engländer sich zunehmend an Ärzte wenden, wenn sie wissen wollen, was natürlich und normal ist. Der Pfarrer hat als Ratgeber, selbst in moralischen Fragen, oder auch nur als Trostspender weitgehend ausgespielt. Der Arzt, unser örtlicher Vertreter der Wissenschaft, ist heute der Profi, dessen Erklärungen aufgrund seiner besonderen Ausbildung rituelle Bedeutsamkeit erlangen.

Nigel Barley: «Fällt der Arzt ein Urteil über Krankheit und Gesundheit?»

Charles: «Ja, viele Leute, die zu uns kommen, akzeptieren bereitwillig, daß wir vielleicht nicht wissen, was ihnen fehlt, solange wir ihnen sagen können, was ihnen *nicht* fehlt. Dann fragen wir sie noch nach dem Grund ihres Kommens. ‹Wollen Sie eine Medizin, damit es Ihnen besser geht, oder wollen Sie nur wissen, was Sie haben?› Und viele sagen: ‹Oh, wenn ich nur weiß, was ich habe, kann ich mit den Symptomen ganz gut leben.› Sie zählen für uns zwar nicht zur Gruppe der ‹Normalen›, aber zu den ‹Unauffälligen›.»

Charles scheint eine andere Vorstellung von der Eigenverantwortung für die Gesundheit zu haben als Jim – eine, die der Ethik der Gesundheitsfarm nähersteht.

Nigel Barley: «Auf der Farm galt Gesundheit als positiver Wert. Der Einzelne war für seinen Zustand verantwortlich. Es lag in seiner Hand, krank oder gesund zu werden.»

Charles: «Ja, ich glaube, daß wir für Krankheiten verantwortlich sind. Wenn immer nur jemand anders daran schuld sein soll, kann ich das einfach weiterreichen. Tatsächlich aber ist man für sich selbst verantwortlich, und es gibt Dinge, die man tun kann, damit es einem besser geht... Wir sind immer mehr dafür, Informationen statt Lösungen anzubieten.»

Als Vegetarier, Nichtraucher und begeisterter Radfahrer lebt Charles nach diesen Grundsätzen. Aber die Autorität des Arztes ist offenbar nicht so leicht abzuschaffen. Als wir in Charles' Sprechzimmer waren, erhielten die Patienten eindeutig Vorschriften statt Ratschläge, was ihnen auch lieber war. Autoritäre Angewohnheiten sterben nur schwer aus. Ein Patient, der eine Hautinfektion berührte, wurde angeherrscht: «Finger weg! Lassen Sie das in Ruhe!» – eine instinktive Unterscheidung zwischen der heilsamen Berührung des Arztes und dem störenden Finger des Patienten.

Charles' Einstellung zur Medizin beschränkte sich also nicht auf die Behandlung der Krankheit. Er sah sich als Berater für die gesamte Lebensweise, von der die körperliche Verfassung nur eine Seite ist. Diese Auffassung von Krankheit ist im «wissenschaftlichen» Westen relativ neu. Für jeden aber, der *außerhalb* des Abendlandes gearbeitet hat, klingt sie sehr vertraut. In Afrika wird ein Mann sagen: «Meine Kuh ist in den Brunnen gefallen, meine Frau mit dem Schmied durchgebrannt, und jetzt habe ich diesen Ausschlag am Arm» – für ihn hängt das alles zusammen.

Der zweite Arzt war von ganz anderer Art. Patrick Jeffrey ist ein Chirurg, der sich auf Magen-Darm-Erkrankungen spezialisiert hat. Seit acht Jahren ist er Facharzt und verbringt die meiste Zeit in den Krankenhäusern von Dorchester und Weymouth, besucht aber auch ambulante Patienten in Bridport und Lyme Regis. Erwartungsgemäß entspricht er recht gut dem eigenen Bild von einem Chirurgen.

Patrick: «Zuallererst muß man das, was man macht, gern tun. Ich denke, man muß eigentlich so eine Art Allerweltskerl sein, der Menschen mag, gern redet, gern mit seinen Händen arbeitet, harte Arbeit nicht scheut und mit Leuten gut umgehen kann ... Ich habe immer gesagt, ein guter Arzt ist jemand, der mit den Burschen im Pub, den Leuten in der Kirche, im Dorfladen und mit der Gesellschaft auf der Cocktailparty des örtlichen Squires zurechtkommt. Wenn man mit all diesen Gruppen gut kann, wird man auch bei ambulanten Patienten, auf der Station und überall sonst Erfolg haben.»

Diese paternalistischen sozialen und verbalen Fähigkeiten tragen wesentlich zum Heilungsprozeß bei:

Patrick: «Man muß Vertrauen einflößen, etwas von einem Schauspieler haben. Die Chirurgen, die ich kenne, sind im Grunde extrovertierte Menschen.»

Doch wie steht es mit den Künsten der Chirurgie im Verhältnis zur Allgemeinmedizin?

Nigel Barley: «Stellen Sie in der medizinischen Welt so etwas wie ein Sonderkommando dar? Sind Sie eine Art Einsatztruppe?»

Patrick: «Ich habe gerade ein Buch gelesen, das dafür einen sehr guten Ausdruck gefunden hat, ich glaube, es war die ‹Geiselbefreiungs-Crew›. Menschen, die Chirurgen werden, sind leicht zu erkennen. Sehr selten trifft man auf praktische Ärzte, die die Mentalität eines Chirurgen haben – und wenn, dann stellt man oft fest, daß es sehr rührige Ärzte sind, die mit diversen Geräten arbeiten.»

Nigel Barley: «Dann löst ein Chirurg also eher Probleme, als daß er kranke Menschen betreut?»

Patrick: »Ein Chirurg ist ein *Macher!*»
Patrick sprach weiter über die Notwendigkeit, schnelle Entscheidungen zu treffen, Verantwortung zu übernehmen, ein Team zu leiten und Selbstvertrauen zu besitzen. Diese Bemerkungen machte er während einer Brustamputation. Es erinnerte mich an die Beschreibung eines guten Offiziers, die ich später, als wir die Territorialarmee besuchten, zu hören bekam. Der Vergleich ist nicht aus der Luft gegriffen. Die Medizin ist nach verbreiteter Auffassung ein Feldzug gegen die Krankheit. Informanten sprechen vom «Sieg über den Krebs», vom «Kampf ums Leben» oder gegen die Krankheit. Diese Haltung ist kriegerisch, die moderne Medizin schickt ihre glänzenden Apparate an die Front, um Erreger abzutöten und Wucherungen zu zerstören. Auf der anderen Seite benutzt das Militär viele Bilder, die aus dem medizinischen Bereich stammen, so den Begriff der Operation, mit dem heutzutage militärische Unternehmungen angepriesen werden.

Rationalität und Ritual

Wer einen Operationssaal betreten will, braucht eine besondere Erlaubnis. Es ist der innere Tempel der Wissenschaft und daher auch ein ritueller Raum mit streng bewachten Grenzen. Ein Arzt hat eine privilegierte Beziehung zu unserem Körper: Er darf uns nackt sehen. Scham ist hier fehl am Platz. «Alles in Ordnung», sagt er, während er unsere intimsten Öffnungen und persönlichsten Geheimnisse untersucht, «ich bin Arzt». Es gibt ein Bedürfnis, diesen Status und den Schauplatz des Geschehens rituell zu markieren. Charles Campion-Smith bemerkte dazu:
Charles: «Ein alter Schulfreund kam zu mir in die Praxis, und anfangs sprachen wir als Freunde miteinander – ‹Wie geht's den Kindern?›. Dann sage ich: ‹Setz dich bitte dahin›, und er sagt: ‹Jetzt hast du umgeschaltet und bist jemand anderer geworden.› Man ist nicht mehr der Freund, den der andere von

der Schule her kennt... man hört auf mit der Plauderei, die im weißen Kittel ohnehin eine besondere Bedeutung hat.»
Alles, was Ärzte tun, geschieht sicher aus hygienischen Erwägungen. Wir wissen doch aus dem Fernsehen, was für strenge Vorkehrungen zum Beispiel Chirurgen treffen.
Nigel Barley: «Können Sie uns sagen, was Sie da tun?»
Charles: «Ich wasche mich.»
Nigel Barley: «Dreimal, ist das richtig?»
Charles: «Nun, man glaubt, durch das Waschen all die Bakterien auf der Haut abzutöten; lange Zeit war es daher üblich, zehn Minuten lang die Hände abzubürsten... Die Bakteriologen haben uns allerdings klargemacht, daß man damit nur Bakterien aus den tieferen Hautschichten herausschrubbt und es also überhaupt keinen Sinn hat...»
Vieles von dem, was wir über die hygienischen Vorsichtsmaßnahmen der Chirurgen wissen, ist überholt. Die meisten sind unnötig – wie jener völlig zwecklose Tupfer Alkohol auf dem Arm vor einer Injektion. Einem Laien indes erscheinen die Vorbereitungen für eine Operation besorgniserregend undramatisch.
Nigel Barley: «Man muß nicht erst unter die Dusche gehen oder sich die Augenbrauen rasieren oder so etwas?»
Patrick: «Nein. In früheren Zeiten pflegte man die gesamte Kleidung zu wechseln; die Ärzte und Schwestern zogen grüne Kittel an, wie wir sie heute haben, aber ohne Unterhosen, ohne Socken – das ist nicht mehr üblich. Es hat sich gezeigt, daß das wirklich nicht nötig war.»
Nigel Barley: «Und was ist mit der Maske? Darauf besteht man doch noch, oder?»
Patrick: «Sie und ich tragen im Augenblick Masken.»
Nigel Barley: «Ja.»
Patrick: «Das ist eine Art von Tradition, die sich über die Jahre entwickelt hat; und es gibt Untersuchungen, die zeigen, daß das reine Zeitverschwendung ist. Die Maske hält gar nichts ab.»
Nigel Barley: «Warum tragen wir dann Masken?»

Patrick: «Ich habe mich davon gefühlsmäßig noch nicht trennen können.»
Später bohrte ich weiter, und er erklärte sich genauer.
Patrick: «Es ist Tradition. Auch ein Teil des Rituals. Wenn einem etwas im Studium und in der Praxis so stark eingeimpft worden ist, kann man das, glaube ich, sehr schwer ändern...»
Nigel Barley: «Somit haben Sie das Gefühl, daß das Anziehen des Kittels, das Ritual, das Sie mitmachen, das Anlegen der Maske wichtige Elemente sind, um sich psychisch vorzubereiten? Es wappnet Sie für diese besondere Situation, nicht wahr?»
Patrick: «So habe ich das noch nicht gesehen; aber ich bin mir sicher, daß Sie völlig recht haben. Man bereitet sich geistig vor.»
Die Menschen sind Sinnstifter, indem sie ständig Gegenstände benutzen, um die Außenwelt zu ordnen. Sogar die Farbe der Kittel scheint eine Rolle zu spielen:
Nigel Barley: «Einige Leute tragen blaue Kittel. Man hat mir gesagt, daß nur Frauen Blau tragen und wir darauf achten sollten, grüne Kittel zu bekommen. Ist das richtig?»
Patrick: «Na ja, es sieht danach aus. Ich weiß nicht, ob sie ihre Kittel schneller abgetragen und darauf zu den neuen blauen gegriffen haben.»
Chirurgen werden von Patienten genau beobachtet, die kleinste Verhaltensänderung wird als Hinweis auf die eigene Genesung oder sonstwie gedeutet.
Patrick: «Auf der Station wird die Patientin in die Nähe des Eingangs gelegt, weil sich dort die Schwestern am meisten aufhalten... dann, wenn sie sich erholt, wandert sie die Station hinauf... Die Menschen wissen, denke ich, daß ihre Entlassung näherrückt, wenn sie weiter vom Eingang wegrücken. Läuft es andersrum, ist das ein Grund zur Sorge.»
Die Schauplätze der Operation sind, nebenbei bemerkt, nicht die ernsten Orte angespannter Arbeit, wie wir erwarten würden. Wie in Beerdigungsinstituten und Mordprozessen

kommt es hinter den Kulissen oft zu wahren Ausbrüchen von Heiterkeit.
Patrick: «Wenn der Chirurg und die Operationsschwestern einen echten Sinn für Humor haben, macht sich das am späten Morgen oder Nachmittag bemerkbar. Vorausgesetzt, man weiß, wann man konzentriert arbeiten und den Mund halten muß, ist es in der übrigen Zeit ganz angenehm, relativ locker miteinander umzugehen.»
Doch wie das Leben hat auch jede Person verschiedene Seiten. Zum Beispiel könnte man erwarten, daß Blutvergießen einem Chirurgen nichts ausmacht. Das Gegenteil ist der Fall.
Patrick: «Ich bin schrecklich sensibel. Wir hatten früher Hühner. Wir haben sie unter anderem deshalb abgeschafft, weil ich es nicht ertragen konnte, daß man ihnen den Hals umdrehte.»
Es ist klar, daß unsere beiden Ärzte Schauspieler sind. Patrick Jeffrey schätzt an seinem Beruf besonders, daß er immer auch Zuschauer seiner eigenen Darbietung sein kann, sowohl vor den Kollegen im OP als auch vor den Patienten bei der Visite. Und natürlich die Dankbarkeit.
Patrick: «Besonders befriedigend ist es in unserem Beruf, wenn man Patienten draußen oder auf der Station besucht und von ihnen hört: ‹Danke›. Das ist wirklich das Beste an dem ganzen Job. Ich liebe es.»
Sue Campion-Smith hatte etwas Ähnliches bei befreundeten Ärzten in Schottland erlebt, die sagten, daß sie «wie Könige» behandelt würden.
Patrick Jeffrey wehrt ab, wenn es darum geht, ob er Macht über Patienten ausübt.
Patrick: «Die Familie entscheidet schließlich darüber, was zu tun ist und was nicht. Man muß sie nur auf den richtigen Weg führen, damit sie ein Urteil fällen können.»
Nigel Barley: «Aber Ihre Autorität und die Aura der Vertrauenswürdigkeit, die Sie umgibt, ist so groß, daß Sie das Wort ‹führen› benutzen. Haben denn Patienten und ihre Familien

genügend Spielraum, um zu einer Entscheidung zu kommen?»
Patrick: «Ich hoffe, daß sie sich frei genug fühlen, einen anderen Weg zu gehen, falls sie das wollen. Die Tür steht offen, wenn auch wirklich nicht sehr weit.»
Natürlich bedeutet Kranksein immer noch Verlust von Selbstbestimmung. Man befindet sich «in der Obhut des Arztes». Krankenhäuser machen uns wieder zu Kindern, die nach englischer Auffassung nicht über ihre eigenen Körper verfügen. Man sagt uns, wann wir essen, aufwachen und schlafen gehen sollen. Tatsächlich ist man in Krankenhäusern zwanghaft bemüht, uns im Bett zu halten, auch wenn wir vollkommen munter und beweglich sind, unseren Tagesablauf einer strengen Uniformität zu unterwerfen, uns unsere Kleidung wegzunehmen und unsere persönliche Freiheit zu beschneiden. Selbst der Krankenbericht gehört nicht uns, sondern der Klinik, die den Zugang zu den Akten kontrolliert. Ein ähnliches System herrscht unter bestimmten australischen Aborigines. Dort darf die Krankengeschichte eines Menschen nicht einmal von ihm selbst erzählt werden, weil sie einem anderen gehört.

Die Maschine muß laufen

Jim Batchelor, mein einheimischer Informant, der die Exkursionen in das Reich der Krankheit mitverfolgt hat, sah sich nicht gezwungen, seine Ansicht vom Maschinenkörper zu revidieren. Solang er lief, kümmerte er sich nicht um ihn. Als er einmal eine Panne hatte, suchte er einen Arzt auf, um ihn reparieren zu lassen.
Nigel Barley: «Gehen Sie zum Arzt, wenn Sie erkältet sind?»
Jim: «Nein. Nur wenn ich nicht mehr arbeiten kann.»
Aus Gesprächen wird mir klar, daß sich Jim vor allem dann Gedanken um seinen Körper macht, wenn er seine Arbeits-

fähigkeit gefährdet sieht. Wenn es ihm gut geht, kann er arbeiten. Wenn er nicht arbeiten kann, ist das ein Zeichen, daß er *wirklich* krank ist. Seine Arbeit sagt ihm, ob er sich um seinen Körper kümmern muß.

Zurück zur Natur

Es war die Zeit des Sommerkarnevals in Weymouth, und Jim und ich gingen an den Strand. Die ungewöhnlichen Vorgänge, die dort abliefen, wiesen darauf hin, daß Nacktheit hierzulande nicht «natürlich» ist, sondern ein Ausnahmezustand. Menschen entledigten sich auf jede nur mögliche Art verstohlen ihrer Kleidung und blickten verzweifelt und ängstlich umher. Andere hatten sich aus Tüchern glockenförmige Zelte gebastelt, unter denen sie sich ausziehen konnten. Überall starrten Menschen auf ihren Körper und zogen an ihm herum, ganz erstaunt, mit dem eigenen Brustkorb oder den großen, behaarten Zehen konfrontiert zu sein. Blicke und Berührungen unterlagen neuen Regeln. Menschen zogen Teile ihres Körpers ein oder versuchten, sie zu verbergen. Denn in unserer Kultur ist der begehrenswerte Körper jung, sogar sehr jung, so daß wir die meiste Zeit des Lebens mit unseren Leibesformen im Clinch liegen.

Am anderen Ende des Strandes tobte der Karneval, Menschen hatten sich in den außerordentlichen Zustand der Nacktheit begeben oder die Verkleidung eines Transvestiten angelegt. Selbst Engländer können Spaß am Körper haben und für eine wilde Zeit des schlechten Geschmacks, in der alles erlaubt ist, die Zügel locker lassen. Die erotische Ausstrahlung war überwältigend. Und in der Mitte des Ganzen thronte mit leerem Lächeln die Schönheitskönigin. Die Tonleiter der möglichen Einstellungen zum Körper in dieser Gesellschaft wurde von einer Band des Women's Royal Army Corps vervollständigt. Frauen mit strengen, blankgeputzten Gesichtern in Uniform spielten auf Blechinstrumenten militärische Weisen. Beim Militär steht der Körper unter extremer Kontrolle: Wie man die Arme schwenkt, den Kopf dreht, wie man geht – alles ist ohne jede persönliche Note. Sie scheren dir das Haar, entfernen das Make-up, gebieten über Bartform und Gesichtsausdruck. Die Herrschaft über den Körper ist ein Indiz umfassenderer gesellschaftlicher Macht. Menschen, deren Haar oder Sexualität außer Kontrolle geraten ist, sind zu *allem* fähig.

VOM LEBEN NACH DEM TOD

«Das, woran Menschen glauben, zeigt uns, wieviel sie zu ertragen haben.»

Peter de Vries, *Slouching towards Kalamazoo*

Die westliche Sozialwissenschaft und die Religion sind nicht gut miteinander ausgekommen. Für den Gläubigen bedarf der Glaube keiner Erklärung: Er hält das, woran er glaubt, einfach für wahr. Nur der Ungläubige meint, daß die verhängnisvolle Standhaftigkeit des Glaubens ohne ersichtliche Grundlage nach einer besonderen Rechtfertigung verlangt.
In der Soziologie ist die Religion mit analytischen Mitteln und fremden Begriffssystemen erklärt worden. Man hat behauptet, sie stelle eine Art sozialer Kontrolle dar, fördere die Solidarität unter den Menschen, spende den Unterdrückten Trost mit der Hoffnung auf ein besseres, zukünftiges Leben oder befriedige einfach das intellektuelle Verlangen nach der Existenz einer allerletzten Ursache. So ist auch die oben zitierte, eindringliche Bemerkung von Peter de Vries zu verstehen.
In einer einzigen Fernsehsendung ist es nicht möglich, sich mit den gewaltigen Problemen, die Religionssoziologie und Rationalitätsdebatte aufwerfen, zu befassen oder auch nur ein genaues Bild vom religiösen Leben in England zu geben. Daher beschlossen wir, uns auf drei Kultgemeinschaften zu konzentrieren – die Church of England, eine spiritualistische Kirche und die relativ junge Jesus Army – und an ihnen die große Vielfalt religiöser Aktivitäten in einer scheinbar säkularen Gesellschaft aufzuzeigen.
Es ist doch erstaunlich, daß die meisten Menschen während ihrer irdischen Existenz zunehmend mit religiösen Inhalten und Riten konfrontiert werden. Selbst wenn relativ wenige von uns getauft werden, steigt die Zahl der kirchlichen Hochzeiten, und an einem Begräbnis religiöser Art nehmen wir fast alle teil. Schon lange gilt, daß man sich ausgesprochen anstrengen, ja fast wild entschlossen sein muß, *nicht* als Christ zu sterben. Konzentrieren wir uns folglich auf den Tod, weil wir annehmen, daß wir mit diesem Thema wesentliche Glaubenselemente gewöhnlicher Menschen im alltäglichen Leben und im Verhältnis zur offiziellen religiösen Doktrin verdeutlichen können.

Die Church of England

Die Church of England ist unsere älteste staatliche Industrie. Sie dringt in alle Bereiche des bürgerlichen Lebens ein und stellt passende Rituale für öffentliche Anlässe zur Verfügung. Die Church of England vollzieht die Krönung des Monarchen und versöhnt staatliche Macht mit der magischen Kontinuität der Monarchie. Sie überwacht die großen Zeremonien des Volkstrauertags, die die Einheit von Kriegstoten und Lebenden im Schoß der Religion des Friedens beschwören. Eine solche Rolle wird in der Soziologie im allgemeinen als «Legitimierung der gesellschaftlichen Ordnung» beschrieben. Interessant ist, daß es in jüngster Zeit Anzeichen von Spannungen zwischen nationaler Kirche und politischer Führung gab, weil sich erstere weigerte, den Sieg im Falklandkrieg göttlicher Schirmherrschaft zuzuschreiben. Politisch ist die Church of England sowohl linker Tendenzen bezichtigt als auch der «betende Flügel der konservativen Partei» genannt worden. Ihr Klerus scheint in der Tat ein breites Spektrum politischer Ansichten zu vertreten. In England ist die nominelle Zugehörigkeit zur Church of England üblich. Wenn man auf offiziellen Formularen, zum Beispiel beim Leichenbestatter, Church of England einträgt, kommt das fast einer Leerformel gleich, die überhaupt keine religiösen Einstellungen erwarten läßt.

Die spezielle Kirche, die wir besuchten, war St. Martin's-in-the-Bullring, die Pfarrkirche von Birmingham. Das alte Gebäude, das auf drei Seiten von tosendem Verkehr umgeben ist und mit der vierten auf das schäbige Shoppingcenter des Bullring blickt, wirkte auf uns wie ein Symbol der veränderten Situation, in der sich die Kirche heutzutage befindet. Der Friedhof ist verschwunden, und die Rasenflächen um die Kirche herum sind zu einer Art öffentlichem Raum geworden, zum Zufluchtsort für hungrige Tauben und Trinker. Ein Wächter an der Tür trennt den Weizen der Kirchgänger behutsam von der Spreu der Betrunkenen und Störer. Für eine

Kirche ist es ungewöhnlich, keine «natürliche» Gemeinde zu haben. Nur wenige Kirchgänger verirren sich vielleicht am Sonntag aus den Vororten hierher. Im Moment versucht man, mit einem Mittagsgottesdienst die Leute anzusprechen, die hier einkaufen und arbeiten. Wir unterhielten uns mit John Wesson, dem Pfarrer der Kirche.

John ist etwa fünfzig Jahre alt und seit dreiundzwanzig Jahren Geistlicher. Vor drei Jahren kam er nach St. Martin's-in-the-Bullring. Die Redeweise des englischen Klerus ist deftig, aber sachlich; bestimmt und doch wohlweislich vage. Ein gutes Beispiel hierfür ist die folgende Antwort auf meine Fragen nach der offiziellen Auffassung vom Leben nach dem Tod.

John: «Es ist sehr schwierig, die offizielle Linie in einer so geheimnisvollen Angelegenheit wie dem Leben nach dem Tod zusammenzufassen; sicher ist nur, daß das Leben nach dem Tod weitergeht – das hält Gott für uns im Jenseits bereit. Für einen Christen ist die Auferstehung Jesu ein zentraler Glaubensartikel, der dem Gläubigen in Zeiten von Verlust und Tod Hoffnung gibt und Trost spendet, weil Christus den Tod besiegt hat. Daher gibt es für diejenigen, die Christus folgen und zu seinem Volk gehören, ein künftiges Leben. Ich hätte Bedenken, *genau* zu sagen, was uns nach dem Tod erwartet; aber die grundlegende Hoffnung auf Auferstehung und ein ewiges Leben ist wesentlicher Bestandteil der christlichen Lehre ... Man trifft wohl auch Christen, die sehr dogmatisch sind und ein paar Bibelverse zitieren, um dies und das zu behaupten. Ich vermute jedoch, daß sehr viele Christen davor zurückschrecken, allzu dogmatisch zu sein, weil es sich eben um einen sehr geheimnisvollen Bereich handelt. Unser Glaube sagt uns zwar einige Dinge, will aber keine eindeutigen Lehren über etwas verbreiten, von dem die Menschen nicht zurückkehren, um uns die Wahrheit zu erzählen.»

Nigel Barley: «Ist es nicht recht seltsam, daß das Christentum keine konkretere Vision von dem, was uns erwartet, anbieten kann; schließlich ist diese Hoffnung auf ein künftiges Leben der große Pluspunkt des christlichen Glaubens?»

John: «Wir haben ja eine eindeutige Vorstellung, wenn wir sagen: Christus ist auferstanden, wir gehen dahin, wo Jesus ist; wenn wir glauben, daß Gott uns eine vollkommene Zukunft jenseits der Unvollkommenheiten, der Schmerzen und Leiden dieser Welt bietet – das ist in gewissem Sinn eine genaue Vorstellung. Wenn man sich allerdings ein Bild vom Himmel macht und sich fragt, ob man dort Harfe spielt, wird mir etwas unwohl, weil ich mich nicht gern auf solche Wege führen lasse.»

Dem Anthropologen ist das Problem der Beziehung von Gedankenwelten zur äußeren Realität nur allzu vertraut – das Problem, von den eigenen beschränkten Erfahrungen auf eine unbekannte Welt zu schließen. Tatsächlich läßt die Scheu davor, über eine gewisse Grenze hinaus zu spekulieren, weil die Datenmenge nicht ausreicht und nicht etwa, weil Dogmen es verbieten, eher an einen wissenschaftlichen als an einen religiösen Hintergrund denken. (John Wesson hat nicht nur Theologie, sondern auch Chemie studiert.) Trotzdem verwundert es, daß die Church of England kein Paradiesmodell anzubieten hat. Offenbar spielen populäre Vorstellungen – der Himmel als ewiges Freudenhaus oder ein immerwährendes Dasein an den Stränden von Torremolinos – im religiösen Leben der Kirche kaum eine Rolle. Das Paradies heutiger Engländer ist ohnehin leicht auszumachen: Es liegt auf einer tropischen Insel, wie sie die Phantasien der Urlaubsprospekte ausmalen. Sie hat Strände und Palmen. Ein Ort ohne Arbeit, wo die üppige Natur die Früchte der Erde wachsen läßt, ohne daß man sich abmühen muß. Weit weg von den Übeln der Zivilisation bietet sie ein einfaches und natürliches Leben. Aber nur wenige von uns hoffen, *nach* dem Tod dorthin zu kommen; die meisten sehen sich nicht durch Sünde, sondern durch Armut von diesem Paradies ausgeschlossen.

Viele Europäer, die in Ländern der Dritten Welt arbeiten, stellen betroffen fest, daß man dort glaubt, daß religiöse Überzeugungen zum Wesen des Menschen gehören – wenn man einmal absieht von gemeinen Verbrechern und hoff-

nungslos Geisteskranken. Bezeichnet man sich an solchen Orten als Christ, wird man beim Wort genommen und ausgefragt, als sei man ein Experte auf diesem Gebiet. Das Interesse anderer Kulturen führt uns vor Augen, daß das Christentum wirklich eine sehr seltsame Religion ist.
Sein Hauptsymbol, das Kreuz, ist ein Marterwerkzeug und bedeutet gewaltsamen Tod. An seine Stelle hatten zum christlichen Glauben Bekehrte in manchen Gegenden, wo ich gearbeitet habe, den gegabelten Baumstamm gesetzt, unter dem man Feinde enthauptete, damit sie mit ihrem Blut Menschen und Felder fruchtbar machten. Keiner der Werbeexperten aus dem zweiten Kapitel würde das Kreuz als Symbol für irgendeine Marke verwenden. Sie ließe sich nicht verkaufen. Doch wie alle Zentralsymbole vereint es viele Bedeutungen: das Leiden Christi, den Triumph über den Tod, die Niederlage des Bösen, die Macht des Selbstopfers, all die vielen Zusammenhänge, denen wir in Segenssprüchen und Gebeten begegnen, während wir in unserer Gemeinde aufwachsen. Es hat etwas Paradoxes an sich, wie das Desaster von Dünkirchen im Zweiten Weltkrieg – eine verheerende Niederlage, die in ein Symbol unerschütterlicher Siegesgewißheit umgedeutet wurde. In der Tat besteht die Hauptfunktion des Kreuzes darin, all diese Bedeutungsfäden zu verknüpfen und jeden analytischen Sinngehalt bewußt zu zerstören; nur so konnte es zum Symbol der Christenheit schlechthin werden.
Auch das Abendmahl hat Bücherwände mit Interpretationen gefüllt. Ihm liegt die Vorstellung der Gabe zugrunde: Christus schenkt sich Gott (von dem er ein Teil ist) für die Menschen, die Brot und Wein austeilen und dafür Gottes Gnade erhalten. Der Geistliche steht im Zentrum und ist gleichzeitig Geber und Empfänger und Mittelsmann zwischen Gott und den Menschen. Aber das Abendmahl hat sich als höchst komplizierte Angelegenheit erwiesen. In einigen Spielarten des Christentums wird aus Brot und Wein tatsächlich das Fleisch und Blut Jesu; in anderen ist die Beziehung nur symbolisch; wieder in anderen erinnert der ganze Ritus an etwas, das sich

nur einmal in der Vergangenheit wirklich abspielte. In einigen Gegenden Westafrikas geriet seine Botschaft im 19. Jahrhundert in gefährliche Nähe zu kannibalischen Riten der traditionellen Religion, die von der Kirche bekämpft wurden. Für Christen ist Kannibalismus gleichbedeutend mit heidnischer Verblendung und primitiver Verderbtheit, wovon die eigene Kirche weit entfernt ist. Selbst heute noch stellt der Engländer den «Primitiven» als unersättlichen Menschenfresser dar und warnt den angehenden Feldforscher fröhlich vor der Gefahr, im Kochtopf zu landen. Wieder scheint sich ein Paradox aufzutun. Ich befragte John zu diesem Thema.

John: «Im christlichen Glauben gibt es keinen kannibalischen Ritus. Wir sind uns bewußt, daß Brot und Wein der heiligen Kommunion Bilder sind, wichtige und machtvolle Bilder, die für das Blut und den Leib Christi stehen, für das, was er für uns gegeben hat und was wir beim Abendmahl in gewissem Sinn noch einmal erleben. Es ist die Bildersprache des Glaubens. Darüber sind viele dicke Bücher geschrieben worden, und die Meinungen gehen auseinander; es gibt auch stärker katholisch denkende Christen, die vielleicht Leib und Blut realistischer verstehen wollen, als ich das befürworte.»

Nigel Barley: «Sie betrachten es als rein symbolische Aussage, im Sinne von ‹wie› und ‹als ob›?»

John: «Ja, ich glaube, daß das heilige Abendmahl eine innere, eine geistige Erfahrung ist.»

Hier spürt man das tiefe Mißtrauen des Protestantismus gegenüber dem Ritual und seiner Macht, die Realität zu beeinflussen. Das wird auch sehr deutlich, wenn protestantische Anthropologen fremde Religionen analysieren (die bekanntesten anthropologischen Studien über andere Religionen wurden von katholischen Forschern unternommen): In ihren ethnographischen Texten werden Versuche primitiver Zivilisationen, das Wetter oder eine Krankheit durch unwissenschaftliche Mittel zu beeinflussen, als «symbolische Handlungen» gedeutet.

Wenn das nicht möglich ist, kann man auch zu dem Trick

Zuflucht nehmen zu behaupten, daß Rituale nicht die Außenwelt, sondern die Psyche der Teilnehmer verändern wollen – wie die Maske des Chirurgen. So bewirken die Regenrituale der Eingeborenen nicht *wirklich* Regen, sondern sie betonen die soziale Bedeutung des Regens, machen den Menschen die Abhängigkeit der Gesellschaft vom Regen klar oder vermitteln ein Gefühl, den Durst unterdrücken zu können.

Auch die Trinität, die Einheit von Gott, Christus und Heiligem Geist, ist ein Bedeutungsbrei. Das liegt vielleicht daran, daß die christliche Religion buchstäblich von einem Gremium ersonnen wurde, sich jahrhundertelangen Bemühungen kirchlicher Konzile verdankt, auf der Grundlage von logischen Erörterungen zu einem einheitlichen Ergebnis zu gelangen. Nichtsdestoweniger erinnert die Dreifaltigkeit an eine verdrehte Version einer ersten Inzesthandlung, die vielen Ursprungsmythen in der ganzen Welt zugrundeliegt.

Das Problem wird nur verlagert, wenn man behauptet, daß solche Fragen «Geheimnisse sind, die der Mensch nicht begreifen kann. Sie entziehen sich der Logik und verlangen den Glauben.»

John: «Ich glaube, darin liegt das Geheimnis Gottes, und niemand von uns wird jemals in der Lage sein, Gott mit unserem menschlichen Verstand tabellarisch zu erfassen und in Schubladen abzulegen; wir stehen am Ende unserer Tage vor einem unbegreiflichen Stückwerk und müssen uns nicht schämen, daß es so ist.»

Nigel Barley: «Damit sagen Sie im Grunde, daß wir glauben müssen, was wir nicht begreifen können.»

John: «Ja, wir müssen daran glauben. Wir sollten uns zwar mit allen Kräften um ein Verständnis bemühen; ich glaube aber nicht, daß ich oder irgendein anderer des Rätsels Lösung finden wird.»

In jüngster Zeit steht die Church of England in dauerndem Konflikt mit der westlichen Wissenschaft, was zur Folge hatte, daß sie sich aus allen Bereichen zurückzog, in denen Aussagen über die Realität verifizierbar sein müssen. Man schlug sich kräftig mit Fragen der Relevanz, Auslegung und des Kontextes herum, um die Felder abzustecken, in denen gegensätzliche Interpretationen der Welt möglich sind. Heute vertritt man die Auffassung, daß sich Kirche und Wissenschaft ergänzen bzw. auf verschiedenen Ebenen operieren.

Ich sollte wohl noch erwähnen, daß diese Fragen des Dogmas mehr von mir als von John Wesson aufgeworfen wurden; In St. Martin's-in-the-Bullring beschäftigt man sich vordringlich mit sozialen Problemen in der Umgebung und legt großen Wert auf die seelsorgerische Betreuung der Gemeinde.

John: «Ich meine, daß das soziale oder politische Engagement der Kirche... in der alltäglichen seelsorgerischen Betreuung der Menschen bestehen soll. Auf diese Weise versuchen wir, die gewöhnlichen menschlichen Alltagsbedürfnisse mit der Realität Gottes und des Glaubens zu verbinden. Man kann nicht über diese metaphysischen Dinge reden, ohne die wirklichen strukturellen Probleme der Gemeinde, in der wir leben, anzusprechen; in diesem Sinn haben wir unsere Stimme erhoben und einige Fortschritte gemacht. Wenn wir wollen, daß unser Glaube ernst genommen wird, müssen wir vermitteln, daß er alle Bereiche unseres Lebens berührt. Wir glauben nicht, daß Gott in der Kirche eingesperrt ist. Er ist der Schöpfer dieser Welt und kümmert sich um alle Dinge, die hier auf Erden geschehen; deshalb sind auch wir verpflichtet, uns mit allem, was hier vor sich geht, zu beschäftigen, unseren Mund aufzumachen und zu handeln... Wir haben viele Probleme mit Obdachlosen, Alkoholikern und so weiter; mit all dem ist St. Martin's wohl oder übel befaßt.»

St. Martin's hat traditionelle Bindungen an den Markt, der die Kirche umgibt. Als Marktgeistlicher ist Reverend Nick Benson dafür zuständig.

Nick: «Eine Kirche wie St. Martin's, die mitten in der City liegt, muß sich mit den Menschen, die hier arbeiten oder nur an ihr vorübergehen, auseinandersetzen. Es hätte wenig Sinn, wenn St. Martin's sich ausschließlich als eine Sonntags-

kirche verstehen würde. Unsere einzige Berechtigung, hier zu sein, liegt in dem, was wir die Woche über tun.»
Nigel Barley: «Sie gehen also wirklich hin zu den Menschen, anstatt zu warten, daß sie zu Ihnen kommen?»
Nick: «Oh ja, ich meine, es gibt zwar auch Leute, die von der Kirche Gebrauch machen, hereinkommen und umherlaufen ... aber viele haben nicht die Möglichkeit, das zu tun. Daher müssen wir verstärkt hinausgehen und zum Beispiel die Händler aufsuchen. Solche Menschen werden niemals zu einem normalen Gottesdienst kommen können, weil sie während der Woche, an den Werktagen, zu beschäftigt oder zumindest an ihren Stand gebunden sind.»
Die meisten allerdings kämen ohnehin nicht. Ungefähr 80 Prozent der auf dem Markt Beschäftigten sind Moslems. Heutzutage bedeutet der Besitz eines britischen Passes nicht unbedingt, daß der Betreffende Mitglied der Church of England ist.
John versuchte, ein abschließendes Bild von der Gemeinde zu geben.
Nigel Barley: «Es ist anscheinend eine recht ‹ungemütliche› Gemeinde.»
John: «Ja, das ist wahr. Die ungemütlichste Gemeinde, in der ich je gearbeitet habe, aber auch sehr aufregend und lebendig. Tag für Tag hat man das Gefühl, mit den wirklichen Sorgen und Nöten der Menschen, die hier wohnen und arbeiten, in Berührung zu kommen.»
Hier soll die Church of England im humanistischen Sinne wirken, *menschlichen* und nicht *göttlichen* Bedürfnissen entsprechen. Während soziale Probleme zunehmend medizinisch betrachtet werden, hat die Kirche ihre soziologische Naivität abgelegt und ist bis zu einem gewissen Grad gesellschaftsbewußt geworden. Soziologische Begriffe wie latente Auswirkungen, Bedürfnisse, soziale Relevanz sind wieder aufgetaucht und haben das Selbstverständnis der Kirche verändert. Zwangsläufig bekräftigen sie auch die Vorstellung, daß es bei der Religion *eigentlich um etwas anderes geht.*

Im Augenblick erleben wir anhand der Frauenfrage, wie sich das Verhältnis zwischen der Church of England und ihrem gesellschaftlichen Umfeld gestaltet. In kleinen Schritten bewegt sich die Kirche auf die Priesterweihe von Frauen zu. Diese Neuerung findet unter dem männlichen Klerus nicht nur Freunde. Doch in dem Maß, wie sich unsere Vorstellungen von Mann und Frau verändern, wandelt sich auch unser Gottesbild. Sexuelle Symbolik – nicht die Freudsche Version, die in jedem Turm einen Penis und in jede Gruft eine Gebärmutter sieht – ist im Christentum deutlich vorhanden. Jesus ist der (männliche) Bräutigam der (weiblichen) Kirche, die aus einer Rippe Christi – wie Eva aus Adams – entsprang. Nonnen sind die Bräute Christi, was Mönchen und Priestern eine unklare Rolle zuweist. Aber wenn man sich einmal das Abendmahl ansieht, scheint es in irgendeinem Sinn eine Gleichsetzung von Priester und Christus zu geben.

Daher meinen manche, daß eine Frau aufgrund ihres Geschlechts den männlichen Jesus nicht vertreten kann. Merkwürdigerweise fordert man aber nicht, Frauen vom Abendmahl auszuschließen – mit der Begründung, daß alle Jünger, die an der ursprünglichen Zeremonie teilnahmen, Männer waren. In Wirklichkeit dreht sich der Streit um das *Wesen* der Frau. Paradoxerweise waren die Auffassungen von der wahren Natur der Frau immer an die jeweilige Kultur gebunden und wandeln sich daher. Die ganze Auseinandersetzung verdankt sich nicht theologischen Veränderungen; sie ist in Gang gekommen, weil sich außerhalb der Kirche etwas verändert hat: unsere Vorstellung von weiblicher Natur.

Reverend Sue Summers, ebenfalls von St. Martin's-in-the-Bullring, sprach mit uns darüber. Sue ist 28 Jahre alt und mit einem Pfarrer verheiratet. Im Jahre 1986 wurde sie zur Diakonissin geweiht; doch als sich die Vorschriften 1987 änderten, machte man sie zum Dekan.

Sue: «Erst war ich Diakonissin, was bedeutete, daß ich kein Geistlicher der Church of England war. Dann hat man uns alle zum Dekan geweiht, und damit gehörte ich zum Klerus der Church of England, was offenkundig kein reiner Segen ist. Mir ist alles erlaubt außer im Gottesdienst Absolution zu erteilen, den Segen zu sprechen und beim Abendmahl Brot und Wein zu verwandeln.»

Nigel Barley: «Dann hat also der Wegfall der weiblichen Endung im Titel nicht bewirkt, daß Sie Ihr Geschlecht verloren haben? Werden Sie als Angehörige des Klerus noch als Frau wahrgenommen?»

Sue: «Ja, ganz sicher, und gerade davor hatten eine Menge Leute Angst; einige sagten mir, ‹aber Sie werden doch keinen hohen Kragen tragen?› – als hätten sie das Gefühl, daß sie damit wirklich nicht fertig werden könnten.»

Wie als Schülerinnen und Soldaten haben Frauen auch in der Kirche ihre Berufskleidung abgewandelt. Während des Gottesdienstes trägt Sue, wie John, den langen Talar, nur daß ihrer nicht ganz so ausgefallen ist. Für den Alltag hat Sue den männlichen Anzug mit hohem, steifem Kragen durch ein mit Krausen verziertes, hochgeschlossenes Kleid ersetzt, in das ein Streifen des weißen Kragens eingearbeitet ist. Es ist aber nicht schwarz, sondern leuchtend gelb.

Sue: «Immer weniger Leute tragen Schwarz in der Kirche, und ich kann auch nicht einsehen, warum ich das tun sollte, wenn ich nicht will. Denn ich bringe meine Persönlichkeit in den Gottesdienst ein und komme in der Kleidung, in der ich mich ausdrücken will.»

Nigel Barley: «Stört es Sie nicht, daß manch einer sagen wird: ‹Da sieht man wieder, daß Frauen ihr geistliches Amt nicht ernst nehmen, daß sie im Grunde etwas leichtfertig sind›?»

Sue: «Oh nein, das stört mich ganz und gar nicht. Das ist deren Problem ... Es gibt viele Frauen, die Schwarz tragen, und wieder andere, die sich entschieden weigern, diesen hohen, steifen Kragen anzulegen, weil es ein so männliches Symbol ist.»

Sue glaubt, daß die Probleme von Frauen im geistlichen Stand sich einfach einem tiefsitzenden männlichen Vorurteil in der Kirche verdanken.

Sue: «In der Kirche haben immer Männer das Sagen gehabt, über Christus nachgedacht und gelehrt – daher jene offensichtliche Voreingenommenheit, worin sich ihre eigenen Probleme oder Schwierigkeiten ausdrücken.»
Eine grundlegende Vorstellung ist natürlich die vom «Gottvater».
Sue: «Meine Vorstellung von Gott hängt davon ab, wie ich ihn erlebe; ich bete, weil ich ihn besser kennenlernen will, und ich denke natürlich über Jesus nach. Aber ich brauche Vater *und* Mutter, um Wärme und Zärtlichkeit zu spüren; die mütterlichen Bilder sind sehr wichtig für mich.»
Nigel Barley: «Aber diese Idee von männlicher Autorität und weiblicher Sanftheit und Fürsorge ist doch eng mit unserer Kultur verbunden ...»
Sue: «Oh ja, und wie. Nun, wie jeder andere bin auch ich ein Produkt kultureller Stereotypen – diese Erfahrung werde ich sicher noch häufig machen. Gott wird in jeder Kultur wahrscheinlich unterschiedlich wahrgenommen.»
In manchen Teilen der Church of England hat eine andere Gestalt so etwas wie ein Comeback erlebt, die Jungfrau Maria.
Sue: «Vielleicht deutet das darauf hin, daß wir die männliche Gottesfigur als unzureichend empfinden, daß wir – zumindest einige von uns – diese Frau, Maria, brauchen, die ein Urbild der Mutter ist ...»
Nigel Barley: «Dann ändert sich also unser Gottesbild, wenn sich unsere Vorstellungen von Mann und Frau wandeln?»
Sue: «Ja, ja. Die Menschen bringen ihre eigenen Erfahrungen in den Glauben ein und stellen vielleicht fest, daß das, was sie erlebt haben, nicht zu dem paßt, was man ihnen erzählt hat.»
Auch die Jungfrau Maria unterliegt ständiger Neuinterpretation.
Nigel Barley: «Sie ist doch in vieler Hinsicht eine Versagerin, nicht wahr?»
Sue: «Oh nein. Das finde ich gar nicht. Vielleicht in der tradi-

tionellen Auslegung, aber in der Bibel erscheint sie überhaupt nicht als schwache Person. Für mich ist sie jemand, der fähig ist, ja zu Gott zu sagen, und daher eine starke Figur. Denn meine Auffassung ist, daß die ganze Erlösung in dem Augenblick, als der Engel kam und fragte, ‹würdest du das tun?›, auf dem Spiel stand, weil sie ja auch ‹Nein danke› hätte sagen können.»

Wenn Gott den Menschen nach seinem Bilde schuf, dann hat der Mensch ihm das mit gleicher Münze heimgezahlt.

Die Jesus Army

Die Jesus Army ist die «Rettungsmannschaft» der Jesus Fellowship Church, einer baptistischen Kirche, die in den sechziger Jahren wieder starken Zulauf erfuhr. Die Religionen dieser Welt sind wie eine fette Suppe, aus der die verschiedenen Gruppen herausfischen können, was immer sie wollen. Die Jesus Army setzt auf Ideen von Gemeinschaft und Brüderlichkeit. Sie wendet sich bewußt an die sozial Benachteiligten, die sie «die vergessenen Menschen» nennt. Eine ihrer Anzeigen lautet:

> Ex-Sträfling, männliche und weibliche Prostituierte, Obdachlose, Verschuldete, Ausreißer, Drogenabhängige – wie schlimm eure Situation auch sei: Wir wollen euch helfen!

In ihren Gemeindehäusern bietet die Army Essen und Unterkunft an, in der Hoffnung, die Mühseligen und Beladenen zu retten.

Wir begleiteten die Army auf ihren Streifzügen durch die Straßen von Birmingham. Als Schlachtschiff diente ein umgebauter Bus, in dem man Unmengen von Tee zubereiten konnte. Liz Donovan, ein Mitglied der Bewegung, erzählte uns etwas über diese Kirche.

Liz: «Wir reichen den Bedürftigen die Hand – allen, die in verschiedenen Formen von sozialen Übeln gefangen sind – und machen uns tief im Herzen große Sorgen um den Zustand der Nation ... Wir meinen, es ist höchste Zeit, daß Gott in unser Land zurückkehrt. Jedes Mitglied der Jesus Army hatte ein Erlebnis, ein Bekehrungserlebnis, hat Gott erfahren; daher sind wir sehr dankbare Menschen.»

Der Bus war voll mit jungen Leuten, Teenagern, Menschen über zwanzig und Anfang dreißig. Ununterbrochen sang man religiöse Lieder zur Gitarre. Man erklärte mir, das sei ein Ausdruck der Freude in der Gemeinschaft.

Nigel Barley: «Warum ist Gemeinschaft so wichtig?»

Liz: «Jesus hat von Gerechtigkeit und Gleichheit gesprochen. Diese Werte kann man am ehesten in einer christlichen Gemeinschaft verwirklichen. Unsere Kirche ist eine echte Gemeinschaft, in der aller Besitz in einen Topf kommt.»

Nigel Barley: «Wirklich alles?»

Liz: «Alles. Dann ist man fähig, in Gleichheit zu leben. Wir sind mit einem einfachen Lebensstil zufrieden. Wir sind in der Lage, unser ganzes Leben unseren Brüdern und Gott zu widmen.»

Obgleich nicht verlangt wird, daß man in der Gemeinschaft wohnt, leben etwa zwei Drittel der Mitglieder auf diese Art. Einige haben normal bezahlte Jobs außerhalb der Gemeinde und geben ihren gesamten Verdienst in eine zentrale Kasse. Andere arbeiten innerhalb der Gemeinschaft, die auch Geschäfte betreibt, wie zum Beispiel einen Naturkostladen. In solch einem System kann sich Identität nicht durch Besitz entwickeln. Die Liebe hat einen großen Stellenwert.

Liz: «Es gibt Hunderte, denen wir einfach menschlich helfen, von einem menschlichen Wesen zum anderen. Sie treten vielleicht nie in die Kirche ein. Sie kommen vielleicht auch nie und halten sich nie bei uns auf.»

Diese Liebe hat allerdings überhaupt nichts mit Erotik zu tun. Vielmehr achtet die Army streng darauf, Frauen und Männern separate Bereiche zuzuweisen. Sex ist ein Weg, auf dem der Teufel zu dir kommt. Keuschheit wird als «gute Sache» geschätzt.

Liz: «Ich lebe keusch. Zu diesem Opfer habe ich mich nach

reiflicher Überlegung entschlossen, um mich ganz Gott widmen zu können. Ich finde es heute erregend, enthaltsam zu sein. Ich erlebe es als sehr erfüllend, und es bietet mir die Freiheit, mich voll und ganz der Kirche zu widmen.»
Ehelosigkeit ist natürlich auch anderswo in der christlichen Welt bekannt. Sie ist eine interessante Form der Abwehr von Sexualität als Selbstverleugnung, der Aufgabe fleischlicher Begierden im Interesse des Geistes. In einer Welt, wo man sich alles teilt, wäre die einzige Alternative zur Keuschheit die freie Liebe, eine Möglichkeit, die wir aus anderen religiösen Kommunen kennen.
Die Sänger stellten sich inmitten von Birminghams Bullring auf und fingen mit sichtlicher Begeisterung an, kräftig zu singen, was eine kleine Menge anzog, von denen nicht alle sofort Reißaus nahmen, als andere Mitglieder der Army auf sie zugingen. Die Leute von der Jesus Army sind an ihren Uniformen erkennbar. Bei den Männern ist das eine Art Tarnjacke mit dem Abzeichen am Ärmel: «Wir kämpfen um dich.»
Nigel Barley: «Wie reagieren die Leute normalerweise?»
Liz: «Oh, das ist ganz verschieden. Manche sagen soviel wie ‹Laß mich in Ruhe›, einige sind interessiert und andere wieder nicht, die heute wahrscheinlich die Mehrheit darstellen ... Es gibt auch Leute, die von Religion nichts wissen wollen.»
Nigel Barley: »Nun ja. Ist es nicht auch sehr unenglisch, Jesus buchstäblich auf dem Ärmel zu tragen?»
Liz: «Ja, das ist wahr. Ich glaube, wir sind hier in England sehr zurückhaltend, und es ist schon fast ein Tabu, über Gott und sehr persönliche Dinge zu reden. Ich will damit sagen, daß man Menschen begegnet, die nicht über Religion diskutieren wollen, weil das Privatsache ist.»
Die meisten Passanten wirkten sehr höflich, aber unbeteiligt. Zwei junge Männer von der Army erzählten mir, daß sie für einen Mann gebetet hätten, der betrunken auf einer Bank schlief. Weil er nicht aufwachte, ließen sie einen Zettel zurück, auf dem stand, daß sie für ihn gebetet hätten. Auch für

mich sprachen sie ein Gebet. Die Army glaubt fest an die Wirkmächtigkeit des Gebets, in einer Art und Weise, der die Church of England skeptisch gegenüberstehen würde. Reverend Sue Summers zum Beispiel bemerkte, daß sie von Gott nicht erwarte, heilend in den Verlauf einer Krankheit einzugreifen, sondern vielmehr dem Betroffenen in seinem Leid beizustehen und ihm Kraft zu geben. Wieder begegnen wir der Auffassung, daß das «Ritual» die Psyche und *nicht* die äußere Welt beeinflussen kann. Die Jesus Army hingegen distanziert sich nicht mit den spitzen Fingern der Vernunft von den realen Wirkungen des Gebets und erwartet durch ein religiöses Erlebnis eine sehr persönliche Begegnung mit Gott. Liz erzählte uns davon.

Liz: «Meine Familie hatte mich recht gut erzogen. An einem bestimmten Punkt brach ich völlig mit meiner Erziehung. Ich dachte, ‹ich will alles, was diese Welt zu bieten hat›. Damals begeisterte ich mich für den Jet-set und begann aufzusteigen. Dann traf ich mitten auf diesem Weg dieses Mädchen, das mit mir über Jesus sprach. Ich fühlte mich ertappt... und dachte eine Zeitlang über alles nach. Eines Nachts, kurz nachdem ich diese Botschaft gehört hatte, war ich allein. Ich versuchte einzuschlafen und erlebte, wie Gott näher kam. Ich kann es nur so ausdrücken. Ich fühlte eine Wärme um mich, die näher kam und mich fast aufforderte zu wählen. Ihn oder das Leben, das ich führte. Er stellte mich vor die Wahl. Wie die Macht der Liebe, die sagt: ‹Wähle mich, das ist der Weg zum Leben, zu einem erfüllten Leben, oder geh weiter auf deinem Weg der Sünde.› In diesem Augenblick war mir die Bedeutung des Geschehens ganz klar, und ich wählte, ein wenig zögernd, aber ich wählte. Ich sagte: ‹Okay, Gott, ich habe dich gewählt.›»

Nigel Barley: «Und was haben Sie dann gemacht?»

Liz: «In jenem Augenblick?»

Nigel Barley: «Ja.»

Liz: «Ich bin sofort eingeschlafen.»

Liz' Bericht hört sich an, als hätte ihn die Wiederholung ge-

glättet. Man kann sich gut vorstellen, daß die Erzählung der persönlichen Bekehrungsgeschichte zum täglichen Leben in der Jesus Army gehört.
Obwohl die Army die Realität Gottes und die Wirksamkeit des Gebets betont, hat sie eine eigentümlich «symbolische» Auffassung von den Sakramenten.
Liz: «Wenigstens einmal im Monat brechen wir das Brot und teilen den Wein aus, an einem Sonntagmorgen, wenn sich die ganze Kirche versammelt. Mehr als tausend Mitglieder kommen da zusammen... Auch am Dienstagabend treffen wir uns und feiern das Agapemahl (Liebesmahl); das ist ein ganz besonderer Abend für uns. Da versammeln wir uns zum Zeichen unserer Bindung an Gott und die Gemeinschaft; bei diesem Abendmahl würde man nie fehlen, und Gäste wären hier fehl am Platz. Jesus sagt, brecht das Brot und trinkt den Wein zu meinem Gedächtnis; daher tun wir gut daran, an das zu denken, was er für uns getan hat. Es ist ein Ausdruck unseres gemeinsamen Lebens und etwas Erhebendes; man sollte alle Streitigkeiten bereinigen, bevor man Brot und Wein nimmt.»
Nigel Barley: «Innerhalb der etablierten Kirche kann natürlich nur ein Priester das Brot brechen und den Wein segnen...»
Liz: «Das gilt aber nicht für alle christlichen Gemeinden, denke ich. Jeder kann das Brot brechen und den Wein austeilen. Auch wenn es normalerweise die Anführer sind, die am Kopf des Tisches das Brot brechen und verteilen.»
Auch die Visionen vom Leben nach dem Tod sind notgedrungen von unseren irdischen Erfahrungen geprägt. Für die Jesus Army wird das Leben im Himmel eines in der Gemeinde sein.

Die letzte Sekte, die wir aufsuchten, war die National Spiritualist Union. Sie behauptet, eine Dreiviertelmillion Mitglieder zu haben, und betreibt im ganzen Land 350 Kirchen (oder «Zentren»). Eric Hatton hat ein Schreibwarengeschäft und ist gleichzeitig Geistlicher der National Spiritualist Union. Ältlich, professoral und sehr bürgerlich, war er nicht der Typ, den ich erwartet hatte. In meinem Teil von London bedeutet Spiritualismus eher so etwas wie die ekstatischen Religionen westindischer Sekten. Beim Gottesdienst, dem wir in Stourbridge beiwohnten, war die Gemeinde überwiegend weiblich und älter, aus der Mittelklasse und weiß. Alles verlief ruhig und manierlich. Vor dem Gottesdienst konnten wir mit Eric über seinen Glauben sprechen. Da diese Kirche vor allem eine Brücke zwischen diesem Leben und einer zukünftigen Existenz schlagen will, kann es kaum überraschen, daß sie genauere Vorstellungen von der nächsten Welt hat als die etablierte Kirche.

Eric: «Zu meiner eigenen Zufriedenheit habe ich bewiesen, daß das Leben nach dem Tod eine Tatsache ist und daß die Menschen, wenn sie sterben, gleichgültig, ob sie gläubig waren oder nicht, im *wissenschaftlichen* Sinn überleben und daß das Weiterleben nicht von irgendeinem Jüngsten Tag abhängt, sondern sofort eintritt. Wenn der physische Leib seine lebensspendenden Energien ausgehaucht hat, entweicht der Geistkörper allmählich und tritt in eine neue Dimension ein.»

Eric stammt aus einer anglikanischen Familie und zitiert biblische Präzedenzfälle für Begegnungen mit den Geistern der Toten.

Nigel Barley: «Sie betrachten sich aber immer noch als Christ?»

Eric: «Nicht in dem Sinn. Ich würde es so ausdrücken, daß ich kein Antichrist bin... Wir erkennen in Jesus einen hochbegabten, einfühlsamen Propheten, Seher, Heiler... wohingegen die christliche Kirche die Auffassung betont hat, daß nur der gerettet werden kann, der an Jesus glaubt ... Ich glaube kaum, daß ein Gott, der hinter dem ganzen Universum steht, den christlichen Glauben dem jüdischen vorzieht.»

Auch hier wird die Unmittelbarkeit der Erfahrung als treibendes Element des Glaubens angesehen.

Eric: «Ich hatte schon so gewisse Ahnungen ... doch der Durchbruch, der mich und meine Familie, die keineswegs leicht zu gewinnen war, überzeugte, geschah, als mein Bruder, der bei seinem letzten militärischen Einsatz in der Gegend von St. Paul ins Meer gestürzt war, mit uns durch ein Medium in Verbindung trat und eindeutige Beweise lieferte: seine Seriennummer in der richtigen Reihenfolge, seinen Rang, seine beiden Namen und auch seinen Spitznamen, mit dem nur ich und meine Schwester ihn zu rufen pflegten. Mehr noch, er erzählte Einzelheiten, die, soweit ich weiß, nur er, meine Mutter, mein Vater, meine Schwester und ich wissen konnten. Nur durch solche Informationen kann man sichergehen, daß die Leute, die mit uns in Verbindung treten, auch wirklich die sind, für die sie sich ausgeben.»

Was ist das nun für eine Existenzform? Wie steht es mit Himmel und Hölle? Eric will sich da nicht genauer festlegen. Das Problem ist, daß die Kommunikation ein sensibles Medium verlangt. Die von der anderen Seite müssen den Wunsch haben, mit uns in Verbindung zu treten, und nicht umgekehrt. Folglich ist alles, was wir erreichen können, ein flüchtiger Einblick. Es läuft unterschiedlich, manchmal gut, manchmal schlecht. Die Bösen erwartet eine Form der Aussonderung.

Eric: «Menschen, die in diesem Leben Böses getan haben, Mörder, Folterer, was immer Sie wollen, diejenigen, die Dinge verübt haben, die wir alle in unserer Gesellschaft verabscheuen, passen offenkundig nicht in einen Seinszustand, in dem anständige, freundliche, großzügige, liebevolle Menschen leben; die Trennung von ihnen scheint einfach universellen Naturgesetzen zu entsprechen. Daher ist das Leben auf der anderen Seite eine recht unterschiedliche Erfahrung.»

Der Gottesdienst selbst verlief in konventionellen christlichen Bahnen, mit Liedern und Gebeten, nur ohne die üblichen Anspielungen auf Jesus Christus. Das Gesangbuch verkündete den Glauben an einen einzigen, großen Gott, der «verschieden ausgelegt» werden konnte. Gott wurde als «die große Macht unseres Universums» angerufen, «die wir sowohl Gottvater als auch Gottmutter nennen». Der Höhepunkt der Veranstaltung jedoch war zweifellos der «Geisthörer» Gordon Higginson. Gordon ist Präsident der National Spiritualist Union und hat in spiritualistischen Kreisen eine große Anhängerschaft. Die Kirche war rammelvoll. Viele hatten große Hoffnungen und Erwartungen.

Zuerst zauberte Gordon einen Namen oder eine Reihe von Anfangsbuchstaben hervor. Darauf bekannte sich ein Mitglied der Gemeinde dazu, das in der Folge auch die weiteren Informationen bejahte oder verneinte. Ein Standardbeispiel wäre: «Du hast in jüngster Zeit eine Art Jubiläum gehabt.» In fast allen Fällen würde der oder die Angesprochene beipflichten. Danach käme eine Botschaft mit Informationen wie: «Diese Dame versucht, mit ihrer Tochter Kontakt aufzunehmen.» Zustimmung. Daraufhin können weitere Auskünfte folgen. «Sie spricht über deinen Vater. Ich denke, daß dein Vater von uns gegangen ist.» Zustimmung. «Du hast eine Familie namens Hill gekannt?» Zustimmung. Träfe eine Mitteilung nicht zu, könnte das mit einem ähnlich lautenden Wort erklärt werden oder mit der Behauptung: «Das ist der Name der Dame, die gewöhnlich auf diesem Platz sitzt» oder «Das gilt für meinen Freund neben mir.» Die Botschaften wurden so laut übermittelt, als müsse man sie über eine lärmende Straße brüllen. Sie waren immer tröstlich: «Sie werden es schaffen.» (Gordon gestand mir später unter vier Augen, daß gehässige und wütende Botschaften empfangen, aber nicht weitergegeben werden.) Im Normalfall berichten sie von Treffen mit Freunden oder danken Frauen für ihre treusorgende Pflege. Sie gehen oft verblüffend ins Detail. «Du hast drei Pflanzen in deinem Haus, und eine davon gehörte dieser

Dame.» «Du hast einen kleinen, runden Tisch von deiner Mutter geerbt.» «Da ist etwas mit der Schweiz, aber du wirst nicht hingehen.» «Sie nannten dich immer Mom – nicht Mam oder Mum, sondern Mom.» «Arthur fragt, ob die Hosen gepaßt haben?» (Antwort: «Nein, ich mußte sie umnähen.») Fast immer wird Gordon versichert, genau ins Schwarze getroffen zu haben.

Erzählte ich Engländern von der Sitzung, wollten sie unbedingt wissen, wie das «gemacht» wurde, ob es Hintertürchen gebe, ob die Teilnehmer Opfer einer Selbsttäuschung waren oder ob Gordon einfach nur mitteilte, was allgemein bekannt war. Die Tatsache, daß Gordon manchmal Menschen verwechselte, die nah beieinander oder nicht auf ihrem gewöhnlichen Platz saßen, wurde von einigen als Beweis der Täuschung, von anderen als Zeichen einer echten Kommunikationsstörung interpretiert. Wieder andere waren bereit, Gordon als Gedankenleser, nicht aber als Geisthörer zu akzeptieren. Vielleicht hätte man eine Vorstellung dieser Art auch vorher arrangieren können, wenn auch mit enormem Aufwand. Ich zweifelte damals nicht an der Aufrichtigkeit der Beteiligten. Die Geschichte der Parapsychologie ist natürlich reich an bewußten und unbewußten Täuschungen. Bei mir hinterließ der pragmatische Umgang der Gemeinde mit Vorgängen, die für die nationale Kirche prinzipiell unerklärlich und durch Erfahrungen nicht nachweisbar sind, einen starken Eindruck. Man erwartete nicht, alles zu sehen, was man glaubt, noch alles zu glauben, was man sieht. Dazu hatte man sich schon vorher entschlossen.

Viele Teilnehmer waren in Tränen aufgelöst, aber nicht unbedingt deshalb, weil sie traurig waren. Zweifellos schöpften die Gemeindemitglieder tiefen Trost aus diesen Botschaften und gingen aufgerichtet und gestärkt von dannen. Für die meisten war es eine eindeutige Demonstration des Weiterlebens nach dem Tode; keine Frage des Glaubens, sondern des eindeutigen Beweises. Ich fragte Eric, ob sein Glaube an das Leben «auf der anderen Seite» sein Verhältnis zum Tod beeinflußt habe.

Nigel Barley: «Bedeutet für Sie der Glaube an diese spirituelle Dimension des Lebens, daß der Tod seinen Stachel verloren hat?»
Eric: «Ja, absolut. Ich sage oft zu meinen Freunden und Kindern, daß mich der Gedanke, mir könnte morgen etwas zustoßen, nicht beunruhigt. Allerdings muß ich zugeben, daß ich meine Frau und meine Kinder, meine Enkel und viele Freunde sehr liebe und sie nur mit Bedauern verlassen würde – sie wären ja wahrscheinlich sehr traurig, wenn ich von ihnen ginge. Aber wenn man weiß, daß solche Trennungen nur von kurzer Dauer sind und man sich mit Sicherheit wieder begegnet, tritt man dem Tod gelassener gegenüber.»

Der Stachel des Todes

> «Man ginge gründlich fehl, wenn man den Versuch unternähme, diese Flucht vor dem Tode einer Gleichgültigkeit den Toten gegenüber zuzuschreiben. In Wirklichkeit ist das Gegenteil richtig. In der alten Gesellschaft verschleierten die maßlosen Ausbrüche von Trauer nur mit Mühe eine jähe Resignation: Ungezählte Witwer verheirateten sich nur wenige Monate nach dem Tode ihrer Frau erneut. Umgekehrt hat man heute, wo sich die Trauer verbietet, festgestellt, daß die Sterblichkeitsrate von Witwern oder Witwen im auf den Tod des Gatten folgenden Jahr wesentlich höher lag als in Kontrollgruppen von Gleichaltrigen.»
>
> Philippe Ariès, *Studien zur Geschichte des Todes*

Die etablierte Kirche, die sich hartnäckig weigert, klare Aussagen über das Leben nach dem Tod zu machen, hinterläßt eine Lücke. Das verdeutlicht die Bemerkung eines Geistlichen: «Fegefeuer? Göttliches Strafgericht? Wiederauferstehung der Toten unter den Posaunenklängen des Jüngsten Gerichts? Nein, wir haben eigentlich keine genaue Vorstellung von dem, was da kommt. Vielleicht die Katholiken.» Neben einer säkularen und materialistischen Überzeugung, die ein Leben nach dem Tod überhaupt nicht in Erwägung zieht, hat sich außerhalb der Kirche ein volkstümlicher Glaube an Wiederauferstehung, Rückkehr der Geister Verstorbener oder Reinkarnation verbreitet – und er findet lebhaften Anklang unter englischen Gläubigen unserer Zeit. Vielleicht sind diese inoffiziellen Überzeugungen nicht neu und haben schon immer im Schatten der Amtskirche geblüht. Die verblüffenden Bilder der Horrorfilme, die uns im Kino erregen und erschrecken, sind nur die kommerzielle Spitze des Eisbergs existierender Vorstellungen.

Nicht nur die Theologie hüllt den Tod in dunkle Schleier; in unserer Kultur wird eine bloße physische Existenz verdrängt. Wir sprachen mit Don Moar, einem Bestattungsunternehmer aus den Midlands, der ein Geschäft leitet, das jährlich mit etwa 8000 Leichen zu tun hat. Don meint, daß bei den Engländern der Tod «eines der letzten Tabus» ist, hat aber zu seiner eigenen Arbeit ein kühles und professionelles Verhältnis. Viele Male am Tag sieht er dem Tod in die Augen.

Nigel Barley: «Bekennen Sie sich zu Ihrem Beruf?»

Don: «Ja, heute schon. Als ich jünger war, nicht.»

Heutzutage beauftragt fast jeder Mensch ein Bestattungsunternehmen, das sich an seiner Stelle mit dem Tod befassen soll. Dazu ist niemand gesetzlich verpflichtet, aber ein anderer Weg ist kaum mehr vorstellbar. Zudem weiten die Bestattungsunternehmen ihren Service aus. Die meisten besitzen inzwischen «Ansichtskapellen», in denen Verwandte ihre Toten «besichtigen» können. Das hat sich erst innerhalb der letzten zehn oder fünfzehn Jahre entwickelt. Früher wurden die Toten im Vorderzimmer ausgestellt, in dem Raum, der die öffentliche Fassade der Familie darstellte und nur bei offiziellen Anlässen benutzt wurde. Wie das vordere Zimmer, so ist auch die Sitte, den Leichnam auszustellen, verschwunden. Natürlich ist auch der Tod in unserer Zivilisation zur Sache der Medizin geworden und findet üblicherweise im Krankenhaus statt. Die Totenbettszenen unserer Vorfahren gehören endgültig der Vergangenheit an. Tritt der Tod zu Hause ein, ist die Eile, den Körper loszuwerden, fast schon unanständig.

Nigel Barley: «Beeilen sich die Leute, den Leichnam so bald wie möglich aus dem Haus und in Ihre Kapelle zu schaffen?»
Don: «Oh ja. Wir bieten einen Vierundzwanzig-Stunden-Service an. Wenn es gewünscht wird, können wir normalerweise innerhalb von dreißig Minuten kommen und jemand abholen – das passiert jeden Tag.»
Tatsächlich regeln wir in England die Dinge so, daß viele Menschen niemals in ihrem Leben einen Toten zu Gesicht bekommen. Jedenfalls hatte ich noch nie einen erblickt, bevor ich nach Afrika ging, wo sie zur alltäglichen Wirklichkeit gehören.
Nigel Barley: «Ich vermute, daß die meisten nie zuvor einen Toten gesehen haben.»
Don: «Das stimmt. Und wenn man Glück hat, kann man weiter so durchs Leben gehen, weil man ja nicht gezwungen ist, zu uns zu kommen und den Toten anzusehen. Als sie noch im vorderen Zimmer lagen, mußten alle kommen und ihren Respekt erweisen. Wir wissen, daß prozentual nur wenige Menschen ihre verstorbenen Angehörigen sehen wollen ... Immer weniger Leute gehen zu Beerdigungen.»
Die Aufgabe des Leichenbestatters sei es, meint Don, die ganze Angelegenheit unsichtbar zu machen, die Öffentlichkeit wolle «davon nichts wissen». Am unangenehmsten scheint die Zeit zwischen dem Eintritt des Todes und dem Gottesdienst zu sein, eine Art Übergangsstadium, währenddessen alle auf das offizielle Zeichen warten, das dem Tod sein endgültiges Ende setzen soll. Eine weit verbreitete Prozedur ist die «hygienische Vorbereitung», der die meisten Leichen zum Opfer fallen, ob man es will oder nicht.
Nigel Barley: «Was genau bedeutet ‹hygienische Vorbereitung›?»
Don: «Konservierung und Präsentation. Das erste soll den Verwesungsprozeß verzögern, was auch gelingt; das zweite dem Verblichenen ein entspannteres Aussehen geben, was vor allem die Verwandten erfreut ...»

Nigel Barley: «Entfernen Sie tatsächlich das Blut?»
Don: «Ja, wir ersetzen es durch ein Konservierungsmittel.»
Nigel Barley: «Das hört sich aber gar nicht hygienisch an.»
Unwillkürlich denkt man an Vampirismus bei der Vorstellung, daß das Konservierungsmittel in eine Halsschlagader gepumpt wird und das Blut aus der anderen austritt. Die konservierende Flüssigkeit wird in die Fingerspitzen und die anderen Extremitäten einmassiert, wo das gerinnende Blut eine blaue Verfärbung verursachen könnte. Oft ist es notwendig, in Herz und Unterleib zu stechen, um angesammelte Körpersäfte abzusaugen und Gase freizulassen. Auch wenn man für diese Prozedur Argumente wie «geringere bakterielle Ansteckungsgefahr» anführt, würden Kühlfächer und einfaches Waschen des Körpers vollkommen ausreichen. Als wollte sie Dons Auffassung vom Tod als «dem letzten Tabu» bestätigen, weigerte sich die IBA*, diese Szenen im Fernsehen zu zeigen.
Nigel Barley: «Glauben Sie, daß die Gründe hierfür vor allem kosmetischer Natur sind? Will man damit erreichen, daß der Tote wie ein Lebender aussieht?»
Don: «Ja, so ist es ... Es ist die letzte Erinnerung für einen Menschen, der vielleicht glücklich ist, wenn er das Gefühl hat, daß der Verstorbene seinen Frieden gefunden hat. Unter Umständen sah er ihn zuletzt während einer schrecklichen Krankheit.»
Nigel Barley: «Folglich bemühen Sie sich, das Bild eines Schlafenden herzustellen?»
Don: «Genau. Es ist nicht zu ändern, daß die betreffende Person tot ist, aber wir können zeigen, daß sie in Frieden gestorben ist.»
Um die hygienische Vorbereitung zu vervollständigen, hat man vielleicht die Kinnladen zusammengenäht, damit sich der Mund nicht öffnet, oder das Haar gewaschen und geföhnt. Möglicherweise hat man den Toten sogar geschminkt und

* IBA = Independent Broadcasting Authority

seine Verletzungen und postmortalen Einschnitte kaschiert. Das Problem mit Leichen, die geradewegs aus dem Kühlfach kommen, ist, daß sie leicht schwitzen.
Die Zeremonie der «Besichtigung» beschwört in ritueller Form das letzte Andenken der Verwandten. Sie entspricht dem Hochzeitsfoto, das den Tag «festhält» und zur offiziellen Erinnerung wird. Familienfotos von einem englischen Begräbnis zu machen würde heutzutage als fürchterlicher *faux pas* gelten. Die «Ansichtskapellen» spiegeln die Rolle des Bestattungsunternehmens wider. Der Körper wird aus einer Art Werkstatt mit heller, fluoreszierender Beleuchtung und Betonböden in die Kapelle gerollt, einen kleinen Raum mit gedämpftem Licht und religiösen Bildern. Erst wenn sich die Tür zur Werkstatt geschlossen hat, treten die Trauergäste aus einem anderen Raum herein, der mit dicken Teppichen ausgelegt, schwach erleuchtet und mit Gemälden mit ländlichen Motiven zum Wechsel der Jahreszeiten dekoriert ist. Zwischen vorne und hinten, Fassade und Wirklichkeit, wird strikt getrennt.
In zunehmendem Maße wird der Gottesdienst in einem Krematorium abgehalten. Ein Leichenwagen mit Chauffeur transportiert den Verstorbenen, große schwarze Limousinen befördern die Trauergäste. «Wir bevorzugen solche Wagen», erklärte Don. «Es sieht würdevoller aus.» Das Personal des Beerdigungsinstituts erscheint in untadelig schwarzer Kleidung und blickt dem Anlaß entsprechend ernst und feierlich drein.
Don: «Siebzig Prozent sind ohnehin Feuerbestattungen; und wenn die Leute keine besonders enge religiöse Bindung haben, dann lassen sie die ganze Zeremonie gleich im Krematorium stattfinden. Wenn sie aber schon lange mit der Kirche verbunden sind, möchten sie natürlich vorher eine kirchliche Feier haben.»
Nigel Barley: «Aber die meisten Menschen wollen doch, daß die Kirche bei einem Begräbnis präsent ist, oder?»
Don: «Ja, das stimmt. Sogar wenn sie kaum etwas mit der

Kirche am Hut hatten. Von Pastoren habe ich oft gehört, daß den Leuten ohne geistlichen Beistand etwas fehlen würde. Das ist vermutlich sehr englisch. Fragt man jemand, der gar nicht glaubt, nach seiner Religionszugehörigkeit, sagt er immer Church of England. Und diese Einstellung setzt sich eben bis zum Tod fort.»

Uns fiel ein seltsamer, kleiner Brauch auf:

Don: «Ein Sarg wird immer so getragen, daß die Füße vorn liegen, nur ein Geistlicher wird mit dem Kopf voran getragen, mit dem Kopf zum Altar.»

Nigel Barley: «Was bedeutet das?»

Don: «Das hängt wohl damit zusammen, daß der Pfarrer mit dem Gesicht zur Gemeinde steht und der Laie zum Altar blickt.»

Ken Elliott, Manager eines großen Krematoriums, führte uns hinter die Kulissen, um uns zu zeigen, was der Öffentlichkeit verborgen bleibt. Der Gottesdienst ist kurz und bewußt nüchtern gehalten. Metaphern aus dem Pflanzenreich herrschen vor, die den Samen beschwören, der sterben muß, um leben zu können. Der Pastor erklärte mir, daß er sich nicht zu sehr mit Fragen wie Vergänglichkeit und Unvergänglichkeit aufhalte, weil das unangenehme physische Assoziationen wecken könnte. Oben herrscht das Bild vom Samen vor, der vergeht, um neues Leben zu erzeugen; darunter arbeitet die industriell anmutende Maschinerie des Todes. Unter Orgelbegleitung wird der Sarg durch ein viereckiges Loch hinabgelassen und entschwindet dem Blick der Trauernden. Ken erzählt uns, daß man über diesen letzten Augenblick viel nachgedacht hat.

Ken: «In Großbritannien gibt es drei Arten der Feuerbestattung. Zum einen das Hinablassen, zum anderen einen Leichenwagen, dessen hintere Türen sich öffnen und den Sarg verschwinden lassen, und zum dritten eine Art, die ich persönlich gar nicht schätze: Vorhänge, die im entscheidenden Moment um den Sarg gezogen werden. Mir gefällt es, wenn der Sarg hinuntergelassen wird. Das hat etwas von einer Erdbe-

stattung. Die Leute sind daran gewöhnt, den Sarg nach unten sinken zu sehen, und bei dieser Methode können sie sich um etwas herum versammeln, das einem Grab ähnelt ...»
Nigel Barley: «Das ist also ein entscheidender Moment?»
Ken: «Ich glaube ja. Es ist der letzte Augenblick, wo sich die trauernde Familie und die Freunde von jemand, der ihnen sehr viel bedeutet hat, verabschieden.»
Bei Begräbnissen soll alles reibungslos ablaufen, wie von selbst. Das wird manchmal sehr wörtlich genommen. Die Vorschriften für Feuerbestattungen legen ausdrücklich fest, daß jedes Geräusch, das die technischen Vorgänge verursachen könnten, zu vermeiden ist.
Ken: «Das ist sehr wichtig. Zum Beispiel wird der Katafalk, den wir hier haben, hydraulisch betrieben. Er kommt mit der Schwerkraft herunter und wird mit einem Motor zurückgefahren. Wenn irgend etwas mit der Hydraulik nicht stimmt, kann man unter Umständen ein Geräusch wie ein leises Stöhnen vernehmen – und das ist wohl das letzte, was man in einer Kapelle bei der Trauerfeier hören will.«
Dann wird der Sarg in den Ofen gerollt, der mit Gas auf 450 Grad Celsius vorgeheizt ist. Der Sarg und der Körper bilden den Hauptbrennstoff; ein Wärter führt dem Ofen die nötige Menge Luft und Gas zu. Im Unterschied zu populären Auffassungen wird zur gleichen Zeit nur ein Körper verbrannt. Nach ungefähr 90 Minuten ist alles vorbei, und die Asche, die einige große Knochensplitter und womöglich all die seltsamen Andenken, die Trauergäste in den Sarg geworfen haben, enthält, wird zu einem feinen grauen Pulver zermahlen.
Nigel Barley: «Warum macht man das?»
Ken: «Ich weiß nicht. Das hat sich einfach so entwickelt ... In dieser Form – mit den Knochen – müßte man sie eher begraben als in alle Winde zerstreuen ... Das wird schon so lange so gehandhabt, daß niemand je danach gefragt hat.»
Nigel Barley: «Hat das vielleicht mit der völligen Zerstörung des Körpers zu tun? Der Körper muß *vollkommen* vernichtet werden.»

Ken: «Richtig.»
Jetzt stoßen wir auf einen kuriosen Aspekt englischer Rituale, eine Art «Freiraum», den auch das Gefährt der Braut, mit dem sie zur Kirche fuhr, besaß. Was man mit der Asche tut, stellt fast eine Herausforderung an die Phantasie dar. Mit der Auflösung der Familienbande seit über einer Generation gehört die Vorstellung einer Familiengruft der Vergangenheit an; Eheleute dürfen allerdings verlangen, daß man ihre Asche an derselben Stelle ausstreut. Was machen die meisten Menschen mit der Asche?
Don: «Oh, alles Mögliche. Normalerweise wird sie in den Garten der Erinnerung des Krematoriums gestreut; manche stellen sie in neuzeitlichen Urnen auf den Kaminsims oder tragen sie zum Kricketfeld, Fußballplatz oder an andere Lieblingsplätze des Toten, um sie dort in alle Winde zu zerstreuen. Es ist auch schon vorgekommen, daß jemand für die Asche zwölf Streichholzschachteln mitbrachte, um sie an Familienangehörige zu verteilen.»
Englische Begräbnisse treiben ein komplexes Spiel mit den Vorstellungen von Vergänglichkeit und Ewigkeit. Abgesehen von den «hygienischen Vorbereitungen» werden keine Versuche unternommen, den Körper zu erhalten; der «eklige» Vorgang der Verwesung aber wird durch die Verbrennung ausgetrickst. Auch wird das vergängliche Fleisch nicht von den dauerhaften Knochen getrennt, wie das in anderen Kulturen üblich ist. Vegetative Symbole aus dem Pflanzenreich – die Blumen (Don: «Sie bringen etwas Leben herein»), die Rückgabe der Asche in den Kreislauf der Natur, die Metaphern der Bestattungszeremonie – sind die einzigen optimistischen Klänge, die andeuten, daß Werden und Vergehen vielleicht zwei Seiten einer Medaille sind. Alles sonst weist auf die Auflösung und die Zerstörung des Individuums hin. Und doch besteht man trotz zahlreicher Gegenbeweise sowohl bei privaten Beerdigungen als auch bei großen, öffentlichen Gedenkfeiern hartnäckig darauf, daß die Toten nicht vergessen werden, daß ihr Andenken in uns weiterlebt. Das drückt sich

auch in unserer Haltung zu Dingen oder Orten, die uns an die Toten erinnern, aus.
Nigel Barley: «Glauben Sie, daß Menschen an die Verstorbenen erinnert werden wollen. Oder ist das heutzutage nicht mehr wichtig?»
Ken: «Das ist ganz verschieden. Die meisten Leute, die einen Verlust erlitten haben, möchten etwas zum Anfassen und Ansehen haben, wie sie auch gern zum Friedhof mit seinen Grabsteinen gehen.»
Der Gegensatz zwischen der öffentlichen Fassade des Beerdigungsinstituts und dem, was hinter den Kulissen geschieht, ist ebenfalls bei der Totenfeier im Krematorium spürbar.
Nigel Barley: «An diesem Ort fällt auf, daß der Vorgang selbst ein ganz und gar maschineller ist, den Menschen aber als Garten der Erinnerung im Gedächtnis bleibt.»
Ken: «Ja... Gärten sind für die meisten Leute idyllische, friedliche Orte. Ich glaube, Menschen lieben Gärten. Sie mögen die Naturauffassung, die mit einem Garten verbunden ist, und sind sehr glücklich, wenn sie sich als letzten Ruheort einen Garten vorstellen können.»
Nigel Barley: «Alle, die ihr Leben in der Stadt verbracht haben, enden also letztendlich hier, begraben auf dem Land, in einem Garten.»
Ken: «In gewissem Sinn ja. Zumindest in ihrer Vorstellung...»
Aus meiner Erfahrung spenden englische Begräbnisse keinen Trost, sondern vertiefen vielmehr den Kummer. Don bildet junge Leichenbestatter in der Kunst aus, mit der Trauer umzugehen.
Don: «Damit beschäftigen wir uns in dem Kurs... Wie man auf den Kummer anderer reagiert, hängt davon ab, wie man den eigenen Schmerz bewältigt; denn Trauer kann sich in so unterschiedlichen Formen äußern wie Aggression, Wut, Schuldgefühle...»
Nigel Barley: «Daß Sie Schuld erwähnen, ist interessant. Neulich sprach ich mit einem Pfarrer, der der Auffassung

war, daß wir in Wirklichkeit oft Schuldgefühle meinen, wenn wir von Trauer reden.»
Don: «Das stimmt. Ja, die Menschen haben das Gefühl, daß sie vielleicht nicht genug getan haben ... Wir kümmern uns um das Begräbnis, den ersten Schritt, Verlust und Tod zu bewältigen. Die Zeremonie bedeutet: ‹Dieser Mensch ist dahingegangen, und wir begraben ihn jetzt›.»
Don glaubt, daß Begräbnisse vor allem für die Lebenden veranstaltet werden; sie bringen den Kummer zum Ausdruck und zum Ausbruch. Die Menschen brauchen das Ritual als klare, öffentliche Verlautbarung über das Geschehene und als feierlichen Abschluß, der es möglich macht, den Fall zu den Akten des Gedächtnisses zu legen. Diese Aufgabe erfüllt im Leben der meisten die Kirche. Mit Religion hat das wenig zu tun. Die englische Kultur verfügt über eine festgelegte Zeremonie, die den Tod in ein Schauspiel verwandelt, damit wir mit ihm fertig werden können; ihr Sinngehalt ist so allgemein gehalten, daß Gläubige und Ungläubige daran teilnehmen können. Jeder erfüllt sie mit seinen eigenen Ideen.
Damit erklärt sich auch zum Teil, warum die Engländer so großen Wert darauf legen, den Körper nach Unfällen oder Katastrophen wiederherzustellen. Das Begräbnis ist ein emotionaler Tiefpunkt und setzt ein Zeichen, damit die Menschen wieder nach vorn schauen können. Ohne Leiche kann man schlechterdings kein Begräbnis abhalten, das einem hilft, weiterzuleben. Das ist eigenartig. In anderen Kulturen sind Bestattungsfeiern ohne Leiche nichts Ungewöhnliches.
Die Engländer haben ein seltsam gespanntes Verhältnis zum Ritual: Zum einen brauchen sie es, zum anderen mißtrauen sie ihm zutiefst. Trauer wird heute nicht mehr öffentlich zur Schau gestellt; es riecht nach Heuchelei und Unaufrichtigkeit, sich ihr hinzugeben. Man zieht die Vorhänge nicht zu und trägt keine schwarzen Kleider oder Armbinden. Kummer ist eine Privatangelegenheit geworden, die sich im tiefsten Innern der Seele abspielt und gefälligst allein zu Hause bewältigt werden soll.

Auffallend ist, daß die Engländer den Tod völlig negativ einschätzen – wie ein gesellschaftliches Versagen. In unserem Leben gibt es keinen Platz mehr für die Toten. Ihre Erwähnung ruft Unbehagen und Entschuldigungen hervor. Im Unterschied zu anderen Kulturen können wir uns einen «guten Tod» kaum vorstellen. Am nächsten kommt ihm vielleicht der Wunsch, es möge uns mitten im Vergnügen erwischen – ein Ende, das keine Schatten wirft, keine Fragen über die letzten Wahrheiten offenläßt und das Leben so wenig wie möglich unterbricht. Mit einiger Berechtigung kann man behaupten, daß wir uns unserer Toten nicht nur entledigen, sondern sie wegwerfen und dann weiterhin nichts mehr mit ihnen zu tun haben wollen.

Jim Batchelor, mein einheimischer Informant, ließ keinen Zweifel daran, daß er diese Einstellung zum Tod teilt.

Jim: «Ich lasse mich auf jeden Fall verbrennen.»

Nigel Barley: «Aber ein Geistlicher soll schon dabei sein, oder?»

Jim: «Nun, es ist Tradition und gehört sich wahrscheinlich so, aber ich glaube nicht richtig an die Kirche.»

Nigel Barley: «Aber wenn Sie sterben, wird Ihre Frau doch sofort losgehen und einen Pfarrer holen?»

Jim: «Zuerst das Geld von der Versicherung und dann einen Pfarrer, sicher.»

Nigel Barley: «Warum wollen Sie sich verbrennen und nicht begraben lassen? Das ist doch ungewöhnlich.»

Jim: «Nun ich glaube, daß es ein bißchen selbstsüchtig ist, sich begraben zu lassen. Man liegt da in dem kleinen Stück Erde, und die Ehefrau oder der Gatte, je nachdem, fühlt sich weiterhin an das kleine Fleckchen Erde gebunden, weil sie oder er weiß, daß dein Körper hier liegt. Wenn man erst einmal verbrannt ist, dann war's das gewesen. Schluß und vorbei. Dadurch erhalten wir die Chance, ein neues Leben zu beginnen.»

Nigel Barley: «Das ist sehr interessant ... so empfinden auch viele traditionelle Völker: Wenn der Körper verschwunden ist,

steht es dem Ehemann oder der Frau frei, wegzugehen und von neuem anzufangen.»
Jim: «So denke ich mir das auch. Man bewahrt seine kleinen Erinnerungen und kann ein neues Leben beginnen.»

ZEITNISCHEN

«Wir reisen durch die Zeit wie durch ein Land mit vielen weiten und rauhen Einöden, die wir am liebsten rasch durchqueren, um zu den kleinen Siedlungen oder den imaginären Ruhestätten zu gelangen, die es überall verstreut gibt.»

Joseph Addison, *Spectator*, 16. Juni 1711

Die Engländer fassen die Zeit räumlich auf. Die Zeit verläuft in eine Richtung. Die Zukunft liegt vor uns, die Vergangenheit hinter uns. Dazwischen geschieht etwas, «hier und jetzt» oder «hier und heute»; wir verschmelzen Ort und Zeit in einer sprachlichen Einheit. Uns beherrscht ein Gefühl, daß wir in diesem Raum zwischen Vergangenheit und Zukunft dem blinden Zufall ausgesetzt sind, der sich unserer Kontrolle entzieht. In der modernen Welt haben wir unser Schicksal nicht länger in der Hand. Eingezwängt zwischen Weltwirtschaft, Marktgesetzen und Spezialwissen, zu dem wir keinen Zugang haben, fühlen wir uns von äußeren Mächten herumgestoßen, über die wir aus den «Nachrichten» erfahren.
Wir zerhacken die Zeit in das Gleichmaß von Stunden, Minuten und Sekunden, den Terror der Uhren, und können es kaum erwarten, die Zonen zu erreichen, die unser gewöhnliches Leben durchbrechen. Der normale Tag ist vor allem durch die Arbeit geprägt. Arbeitszeit erzeugt ihr Gegenteil, «Freizeit», die uns gehört und wie eine knappe Ressource verteilt wird. Kleine, eifersüchtig verteidigte Inseln freier Zeit schmücken unser Leben – Teestunden, Mittagspausen, Abende. Längere Perioden sind uns am Wochenende gestattet und vor allem im Urlaub. Wir heben sie hervor durch besondere Kleidung, Aktivitäten, mächtige kleine Rituale wie den ersten Whiskey am Abend.
Was wir an Feiertagen und in den Ferien machen, ist kulturell vorgegeben. Weihnachten ist eine Zeit, die man nach alter Tradition «zu Hause» verbringt, im Kreis der Familie am heimischen Herd. Heutzutage fährt man allerdings auch ins Ausland, aber nur um einen richtigen *Winter* mit richtigem Schnee zu erleben. In den Sommerferien sucht man möglichst ferne Länder auf, deren extremeres *Sommer*klima uns mit Hitze verwöhnt. Während dieser Zeit zu Hause zu bleiben kann höchstens mit bitterer Armut erklärt werden. Daheim bleiben bedeutet, überhaupt keinen richtigen Urlaub zu machen. Durch unsere Bewegungen verschaffen wir uns einen spürbareren Wechsel der Jahreszeiten; wir ersetzen das Fort-

schreiten der Zeit durch Ortsveränderungen, die den Ablauf der Jahreszeiten betonen. Wir leben also nicht nur in der Vorstellung der linearen Zeit, die in eine Richtung fließt, sondern auch in der zyklischen Zeit, die den Kreis der ständigen Wiederkehr beschreibt.

Vor allem in den Ferien herrscht große Ausgelassenheit, weil man die Zügel locker lassen kann und der Alltagszeit entronnen ist. Wir besuchten Great Yarmouth gegen Ende der Sommersaison, einen traditionellen Badeort an der Ostküste. Great Yarmouth bietet sich für «Familienferien» an; besonders Arbeiterfamilien machen hier Urlaub. Die Billingtons sind ein jüngeres Ehepaar mit zwei Kindern im Alter von neun und elf Jahren. Obwohl ein kalter Ostwind blies und es nach Regen aussah, saßen sie in ihren Anoraks unverdrossen am Strand.

Nigel Barley: «Hier verbringen Sie also Ihren Urlaub. Warum?»

Mum: «Weil wir Great Yarmouth mögen. Heute sind wir an den Strand gegangen und fühlen uns richtig wohl. Hier gibt es einen sehr schönen Markt, gute Geschäfte, der Vergnügungsstrand ist herrlich ... Ich muß nicht kochen, saubermachen oder mir überlegen, was wir essen sollen ... Ich kann mich einfach zurücklehnen und essen, wann es mir gefällt, und ausgehen und mich in der Zwischenzeit erholen.»

Das Entscheidende an den Ferien scheint zu sein, daß man der Alltagsroutine entflohen ist. Dad muß nicht zur Arbeit gehen, Mum ist vom Haushalt befreit, die Kinder von der Schule. Allein das Essen scheint noch ein strukturierendes Moment zu sein, die Mahlzeiten sind Fixpunkte, nach denen die Menschen ihren ganzen Tagesablauf ausrichten. Der Hamburger um ein Uhr mittags hält das kosmische Chaos in Schach.

Die Menschen sind nur schwer dazu zu bringen, über den Urlaub nachzudenken. In den Ferien hat man seinen «Spaß», was soll man da noch erklären! Doch nichts ist weniger selbstverständlich als das, was man unter «Spaß» versteht. Dahinter steckt gewöhnlich eine ganze Weltanschauung. Mum stellt sich unter Urlaub die Möglichkeit vor, «ein bißchen auszubrechen, ein wenig über die Stränge zu schlagen» – aber in Grenzen, die deutlich werden, als ich sie frage, warum sie nicht ins Ausland fährt.

Mum: «Hier können wir ausgehen, ein bißchen Dampf ablassen und uns vergnügen.»

Nigel Barley: «Aber das Wetter!»

Mum: «Na ja, es ist nicht warm, aber das geht schon in Ordnung. Was kann man mehr verlangen? Man kann sich ja eine dicke Jacke oder einen Pullover überziehen.»

Nigel Barley: «Würden Sie nicht gern nach Spanien fahren, wo es einen richtigen Sommer gibt?»

Mum: «Nein. Da sind doch nur Ausländer. Alles ist auf Urlaub abgestellt, die Leute wollen was erleben, machen Radau und benehmen sich rüpelhaft, und wir sehen uns nicht gern fast gezwungen, nachts in Kneipen zu gehen und uns zu betrinken. Wir sitzen lieber ruhig an der Hotelbar.»

Für die Billingtons sind Ferien eine Art Langzeitversion des Wochenendes, eine Chance für die Familie, zusammen zu sein. (Jüngere Leute wollen natürlich in den Ferien *weg* von der Familie.) Den Kindern läßt man mehr Spielraum, das Geld sitzt lockerer. «Man hat ja schließlich Urlaub», lautet die beliebte Entschuldigung für alle Arten von kleinen Freiheiten. Die Billingtons waren schon oft in Great Yarmouth. Auch die meisten anderen Gäste in ihrer Pension kehren Jahr für Jahr hierher zurück. Für diese Menschen ist der Urlaub kein unwägbares Abenteuer mehr, er gehört zum Wechsel der Jahreszeiten, zur zyklischen Zeit – eine vorsichtig bemessene Dosis Spontaneität.

Die Meeresküste hat einen eigentümlichen Grenzstatus. Im Mittelpunkt des Interesses liegt der Strand, weder Festland noch Meer, oder der Pier, eine Brücke, die in die See hinausgebaut ist und nirgendwohin führt. In Great Yarmouth hat man sich alle Mühe gegeben, den Vergnügungsstrand mit einem Binnenmeer aufzuwerten. Künstliche Wellen laden im künstlichen tropischen Mief zum Plantschen ein. Neidische Zaungäste bestätigen, daß die Mäzene der Anlage wirklich Spaß haben. Eine Treppe führt hinauf zu einer Bowlinghalle mit Plastikrasen.

Sobald der Engländer seine Alltagsidentität abgelegt hat, verschickt er umgehend eine Postkarte. Urlaubskarten sind eine eigenständige Kunstform geworden. Weil die Bewohner der Insel bekanntlich unfähig sind, «ich denke an dich» oder «ich mag dich sehr» zu schreiben, haben sie viele kleine Grußformen entwickelt, die diese Botschaft vermitteln sollen. Der Austausch von Getränken, Gastfreundschaft und Postkarten begründet unsere tägliche soziale Welt. Postkarten von der Küste befleißigen sich einer Form ordinären Witzes, die auf der außergewöhnlichen Entdeckung beruht, daß Frauen Brüste und Männer andere Anhängsel haben. Für sie gelten die üblichen Regeln guten Benehmens nicht, weil das Meer ein Ort der Zügellosigkeit, der Kiss-me-quick-Hüte und unflätigen Verhaltens ist. Was wir auf die Rückseite schreiben, ist ziemlich egal. Die Botschaft lautet immer: «Schade, daß ihr nicht hier sein könnt.»

Eine andere Beschäftigung bietet der ständige Vergnügungspark. Auf diesem Jahrmarkt finden vor allem Fahrten statt, die verwirren und desorientieren sollen, die Besucher herumwirbeln, bis sie nicht mehr wissen, wo vorn und hinten ist. Man hört sie kreischen und vor Freude brüllen, man sieht sie von einer Fahrt zur anderen torkeln, während sie sich darüber beklagen, was sie gerade durchmachen mußten. Zwischendurch Geisterbahn und Spiegelkabinette.

Die englische Kultur beschäftigt sich viel mit dem Thema besonderer Zeiten, in denen der Mensch (auf)gelöst und desorientiert ist. «Die Party» ist ein solcher Zeitraum. Parties müssen erst noch als anthropologisches Phänomen entdeckt werden, aber einige ihrer Wesensmerkmale liegen auf der Hand. Bei vielen Parties, zum Beispiel Dinnerparties, handelt es sich um feierliche Anlässe mit formeller Kleidung, steifem Benehmen und üppigem Essen. Eine andere Sorte Party wird von der Jugend bevorzugt. Auf diesen Feten werden alle Sinne befriedigt, mit lauter Musik, grellem oder schummrigem Licht, alkoholischen Getränken, wildem Tanzen und sexuellen Beziehungen zu Partnern, die anderswo nicht verfügbar sind. Allgemein können Parties zeitliche Höhepunkte markieren. Geburtstage, Jahrestage oder besondere Ereignisse, die den Alltag unterbrechen, verlangen vielleicht nach solchen Betonungen. Im Regelfall entscheiden sich die Jungen für die wilde Art und die Älteren für strenge Formen.

Wir besuchten ein Abendlokal in der Stadt. Am frühen Abend trifft man in Rosy O'Grady's eine ältere Kundschaft an.

Gäste mit bläulich ondulierten Haaren versammeln sich hier, um zu trinken, zu schauen und an der Show teilzunehmen, bei der Leute aus dem Publikum «Evergreens» zur Hammondorgel singen. Einige kommen sehr schlecht an, andere sehr gut. Stärke und Länge des Beifalls küren am Ende des Abends einen Gewinner, der einen kleinen Preis erhält und großes Ansehen unter seinesgleichen genießt. Rauschendes Vergnügen bestimmt die Szene. Die Tische sind äußerst begehrt, die Älteren warten Stunden, um sich einen Platz zu sichern, und kommen allabendlich wieder hierher. Zu später Stunde werden die Tische beiseite geräumt, um einer Diskothek für junge Leute Raum zu verschaffen. Strikt wird zwischen den beiden Veranstaltungen getrennt. Die Teilnehmer der jeweiligen Vergnügungen haben füreinander nur blankes Unverständnis übrig.

Solche Szenen sind auch für Engländer verwirrend. Sie scheinen der verbreiteten Einschätzung zu widersprechen, daß die Engländer reserviert und gehemmt sind. Natürlich handelte es sich in diesem Fall um Besucher aus dem Norden. Sie vertraten die Ansicht, daß Leute aus dem Süden nicht in der Lage wären, sich auf diese Art zu unterhalten. So zerfällt die scheinbare Einheit einer nationalen Identität, die der Anthropologe gewöhnlich wahrnimmt, in tausend verschiedene Identitäten, wenn sie der Einheimische von innen betrachtet.

Die Engländer scheinen jedoch Wert auf nationale Eigenarten und eine nationale Persönlichkeit zu legen. Diese Einstellung ist mit individualistischen Vorstellungen von Identität vereinbar, aber von der Anthropologie längst für veraltet erklärt worden, weil die Eigenschaften, die man einem Volk zuschreibt, von den eigenen Verhaltensnormen abhängen. Auf Amerikaner wirken Engländer schrullig und inkompetent; auf Menschen aus Südostasien aggressiv und ungehobelt; auf Afrikaner egozentrisch und bedauernswert einsam. Es gibt keine gültige Wahrheit über den sogenannten Volkscharakter, denn Bezeichnungen wie «aggressiv» oder «ungehobelt» sind trotz scheinbar klarer Bedeutung bloß relative Begriffe; sie beinhalten einen Vergleich und die Annahme, daß sich Menschen ihrem Temperament entsprechend verhalten und nicht nach Maßgabe von kulturellen Regeln.

Wozu sind Ferien eigentlich da – abgesehen davon, daß man seinen Spaß haben will? Man hat sich in psychologischen Erklärungen versucht. Der Urlaub nimmt für eine Weile die Last von der Seele und hilft damit, die Anstrengungen und Mühen der Arbeitsgesellschaft zu ertragen. Das erklärt auch, wieso der Urlaub unbedingt ganz anders sein muß als das alltägliche Leben. In dieser Weise sprechen Engländer oft von ihren Ferien. Die Menschen «wollen» nicht nur Urlaub haben, sie «brauchen» ihn. Aber das erklärt nicht, warum in unserer Kultur eine überwältigende Einheit in der Frage besteht, was einen Urlaub ausmacht.

Wie schon angedeutet, verbindet sich die Vorstellung vom Urlaub mit dem jahreszeitlichen Ritual und dem Zeitgefühl. Mit zunehmendem Wohlstand nehmen die Ferien einfach extremere Formen an. Statt nach Great Yarmouth zu fahren, begeben sich die Engländer nach Thailand. Nicht die Spiegelkabinette des Jahrmarkts erleben wir, sondern das exotische Kabarett im Foyer der Touristenhotels, aufgeführt von Angehörigen anderer Kulturen, in denen wir ein gebrochenes Bild von uns selbst erkennen. Statt an Fish and Chips auf der

Promenade ergötzen wir uns am Barbecue am Meer. Die englische Stranderotik weicht dem knallharten Touristensex.
Während der Arbeit an diesem Buch besuchten wir eine Reihe von Gruppen, die sich für kürzere oder längere Zeit vom Hauptstrom der englischen Kultur zurückziehen und daher in der Lage sind, einer Weltsicht nachzuhängen, die sich vom Rest der Bevölkerung entschieden abhebt. Innerhalb einer Gruppe kann sich häufig ein eigenständiges Gefühl von Realität und Normalität entwickeln, mit der Folge, daß die anderen, die *Außenstehenden*, in ein seltsames Licht rücken. Normal, ja selbstverständlich erscheint einem eine Weltanschauung, wenn man ganz und gar in ihr lebt. Der Urlaub erfüllt eine bestimmte Funktion: Da er zwangsläufig vorübergehender Natur ist und gar nicht anders verstanden werden kann, läßt er unsere Alltagswelt als festgefügte Realität erscheinen und bewahrt uns davor, sie als das Gewirr von Symbolen und konventionellen Vorurteilen zu begreifen, das sie in Wirklichkeit ist.

Die Zeit ist auf unserer Seite

Im Laufe eines Arbeitstages ist die Mittagspause ein kostbarer Augenblick der Freiheit. Je nach Geschmack schöpfen die Menschen aus dieser wertvollen Quelle der Entspannung. Manche rennen los, um einzukaufen oder andere prosaische Aufgaben zu erledigen. In London flüchten sich Angestellte aus Büros, Läden und Klassenzimmern in die Aetherius Society, wo sie sich zum Gebet versammeln. Wie bei vielen sektiererischen Gruppen am Rand der englischen Kultur besteht zwischen dieser Gesellschaft und der Zeit ein besonderes Verhältnis: eine charakteristische Ausrichtung auf die Zukunft.
Die Aetherius Society wurde 1955 gegründet und hat sich dem Glauben verschrieben, daß die Zukunft der Welt in der Hand einer gewaltigen außerirdischen Intelligenz liegt, die

uns in ein neues Zeitalter der Harmonie und veränderter Bewußtseinsformen führen wird. Man behauptet, daß der Gründer und Führer der Gruppe, Sir George King, im Trancezustand Botschaften von Außerirdischen empfange, die er an seine Anhänger weitergibt.

Diese außerirdischen Kontakte erklären die Berichte von fliegenden Untertassen. Ein Plexiglasmodell einer fliegenden Untertasse steht im Büro der Gesellschaft; eine Neonversion leuchtet über der Eingangstür des Gebäudes. Einer der Organisatoren der Gesellschaft erklärt uns das Modell:

Steve: «Das ist ein besonderer Typ von Raumfahrzeug, dessen Einzelheiten wir durch Sir George erfahren haben... In Wirklichkeit ist es etwa anderthalb Meilen lang... Dieses Raumschiff tritt tatsächlich mehrmals im Jahr für eine ziemlich lange Zeit in die Umlaufbahn der Erde ein. Normalerweise vermeidet es, auf dem Radarschirm sichtbar zu werden... Hier oben befindet sich eine große Kuppel, mit der die Sonnenstrahlung aufgenommen wird. Die Energie fließt darauf durch diese pyramidenförmigen Gebilde, wo sie... aufgespalten und in diesen anderen eiförmigen Kristall übergeleitet wird, und dann wird sie langsamer und entweicht durch den Boden nach draußen. Wenn nötig, wird ihr Lichtstrahl zur Erde gesandt.»

Die Gebetsrunden in der Mittagspause drehen sich um dasselbe Thema. Man glaubt an verschiedene Arten von Energien, von denen eine die Kraft des Gebets ist. Als wir die Gesellschaft besuchten, beteten etwa zwanzig Mitglieder mit voller Inbrunst. Dahinter steckt die Idee, daß die Gebete in einer besonderen Batterie aufbewahrt werden, die man benutzt, um zu heilen oder Gutes zu tun. Zu wem sie eigentlich beten, scheint nicht so wichtig zu sein. Allein die Kraft des Gebets zählt. Die Mitglieder knapsen ein paar Stunden von der normalen Arbeitszeit ab und zahlen sie in die Batterie zum Wohl der Menschheit. Weitere Energiebeiträge kommen dann von den fliegenden Untertassen. Die Wirkmächtigkeit des Gebets ist, so glaubt man, fast grenzenlos. Steve erklärt:

Steve: «Als sich die Katastrophe in Tschernobyl ereignete, wußten wir schon vorher davon. Etwa vier Stunden vorher ... Sir George hatte es erfahren, und wir ergriffen umgehend Maßnahmen. Wir besitzen Geräte, die Energie aussenden können. Diese Ausrüstung kann geistige Kräfte ausstrahlen ... in ein besonders betroffenes Gebiet. Wir haben diese Geräte übers Wochenende intensiv eingesetzt. Der Vorfall ereignete sich an einem Freitag, am Samstag und Sonntag war noch nichts davon bekannt. Erst am Montag empfing man die ersten Signale in Skandinavien und informierte die Presse. Zu dieser Zeit hatten wir ... unsere Arbeit schon beendet und alles eingepackt. Erst als wir mit allem fertig waren, ging die Nachricht um die Welt.»
Nigel Barley: «Aber die Katastrophe passierte trotzdem.»
Steve: «Wir konnten sie weder abschwächen noch verhindern. Aber wir haben die Nachwirkungen beeinflußt; und vielleicht, wer weiß, sind ja die Menschen nicht ernsthaft geschädigt worden.»
Manche Gruppen zeichnen sich dadurch aus, daß sie sich weniger um die Gegenwart als um die Zukunft sorgen. Sie haben ein anderes Verhältnis zur Zeit, denn gerade die festgefügte Gegenwart scheint ihnen unwirklich. Anders als die meisten von uns haben die Mitglieder der Aetherian Society eine feste Vorstellung von dem, was uns die Zukunft bringen wird.
Steve: «Viele bedeutende religiöse Schriften der Vergangenheit haben eine Zeit wachsender Unruhe vorausgesagt, eine Beschleunigung des Lebens, gefolgt von einer Periode drastisch verbesserter Verhältnisse auf der Welt. Wir sind der festen Überzeugung, daß wir heute in der Zeit der Unruhe leben ... Wir sind sicher, daß sich die Weltverhältnisse schließlich stabilisieren werden und eine Ära größerer Harmonie und Aufklärung anbricht ... Wir glauben fest daran, daß die sogenannten großen Avatare, die größten der großen religiösen Führer der Vergangenheit, überwiegend Außerirdische waren. Ganz sicher trifft das auf Jesus zu. Er kam vom Planeten Venus. In Zukunft werden sie nicht mehr durch solche

Hintertürchen wie diese heimliche Menschwerdung zu uns kommen, sondern viel offener.»
Solche Auffassungen weichen eindeutig von den Normen unserer Kultur ab.
Nigel Barley: «Trifft es Sie, wenn Leute denken, daß Sie ganz einfach einen an der Mütze haben?»
Steve: «Wenn man einen solchen Glauben wie wir hat, muß man damit rechnen, für verrückt gehalten zu werden. So erging es auch dem Mann, der die Glühbirne erfand. Und er hatte doch recht.»
Nigel Barley: «Ja, aber Sie müssen doch zugeben, daß es in der Geschichte Tausende von Menschen gab, die man für verrückt hielt und die es wirklich waren.»
Steve: «Da haben Sie allerdings recht.»
Ist es eigentlich entschieden unvernünftiger, an die Existenz von Außerirdischen zu glauben statt an die Dreifaltigkeit? Als *Glaube* stehen die beiden wohl auf einer Stufe. Das Hauptproblem der Ätherischen liegt in der Sprache, die sich der Idiomatik der Wissenschaft (zum Beispiel «Gebetsenergie») in einer unwissenschaftlichen Weise bedient. Außergewöhnlich an den Ätherischen ist, daß sie so unauffällig wirken, wenn sie nicht gerade ihren Glauben darlegen. Sie bewegen sich zwischen der normalen und ihrer ätherischen Weltsicht hin und her wie ein Physiker zwischen der Welt der theoretischen Physik und der des Common Sense. Es sind keine konkurrierenden Weltanschauungen, und es bedeutet auch keine Persönlichkeitsspaltung, wenn man beiden anhängt.

Ein Volk im Abseits

Wir alle ziehen uns gelegentlich aus der Alltagswelt zurück, und sei es nur im Urlaub. Manche Gruppen jedoch schaffen sich ihre eigene Alltagswelt, wobei die Zeitauffassung wiederum eine Rolle spielt. Eine solche Gemeinschaft sind die Zeugen Jehovas.

Wir besuchten die Familie Eyre in Peterborough. Philip und Pauline Eyre sind Anfang vierzig und haben drei Kinder im Teenager-Alter. Die Zeugen Jehovas glauben an die buchstäbliche Wahrheit jedes Bibelwortes. Sie weigern sich hartnäckig, die Bibel wie ein Historiker, Literaturwissenschaftler oder Anthropologe zu lesen – als ein Buch mit einer langen Geschichte der Übersetzungen, Interpretationen, Kürzungen und Überarbeitungen. Wenn wir ein solches Buch lesen, übersetzen und interpretieren auch wir es zwangsläufig, wenn auch unbewußt, um ihm einen Sinn zu geben. Zahlreiche intellektuelle Reinfälle haben die Anthropologie gelehrt, daß das, was in irgendeinem Text «steht», überhaupt nicht eindeutig ist und sich von Zeit zu Zeit und von Ort zu Ort verändert. Für die Zeugen Jehovas jedoch ist das genaue Studium der Bibel nicht nur ein Leitfaden, der für unsere Lebensführung bedeutsam sein *könnte;* vielmehr finden sie *innerhalb* der Bibel eine eindeutige Antwort auf jedes Problem. Wer mit einem Buch leben kann, dem fällt vieles leichter, wie auch Wissenschaftler herausgefunden haben. Die Sicherheit, die man aus der ständigen Bezugnahme auf einen einzigen Text gewinnt, ist sehr verführerisch.

Nigel Barley: »Was hat Sie bei den Zeugen Jehovas besonders angezogen?»

Philip Eyre: «Wahrscheinlich die Antworten auf Fragen, die mich seit langem bewegten ... manchmal wachte ich mitten in der Nacht auf und fragte mich, ‹Was geschieht nach dem Tod?› und dergleichen Dinge mehr.»

Nigel Barley: «Und die Zeugen Jehovas konnten Ihnen darauf eine Antwort geben?»

Philip: «Ja, das konnten sie. Aber es gab noch mehr. Was mir zusagte, war ... die Bibel selber; sie ergibt einen Sinn. Als ich anfing, mich damit zu beschäftigen, war ich ein kritischer Geist ... ihre Logik überzeugte mich. Ich erhielt zufriedenstellende Antworten.»

Die Zeugen Jehovas sind «nicht von der Welt» (Johannes 17.16; 15.19); sie sind ein Volk im Abseits. Sie sollen sich nicht

einmischen in die weltlichen Reiche dieser Erde. Zwar zahlen sie ihre Steuern und halten sich an die Gesetze, aber sie wählen nicht oder bezeugen der Fahne und der königlichen Familie rituelle Ehrerbietung.
Philip: «Offenkundig sehen wir die Dinge anders als jemand, der sich als wahrhaft aufrechter Brite begreift... Natürlich respektieren wir die königliche Familie als Galionsfigur, wenn Sie so wollen, des Landes, in dem wir leben. Meine Frau interessiert sich dafür, was dort passiert, besonders für die Geburten. In diesem Sinn ist das eben eine Familie, nicht wahr? Vielleicht betrachten wir die Fahne und die königliche Familie nicht ganz so wie die anderen; aber wir respektieren sie trotz allem sehr.»
Nigel Barley: «Doch eher wie ein Außenstehender als wie jemand, der begeistert mitmacht.»
Philip: »Wenn Sie das so ausdrücken wollen, ja.»
Die Zeugen Jehovas bleiben gern unter sich, wenn sie nicht gerade Bekehrungsarbeit leisten. Ein ausgeprägter Sinn für Gemeinschaft fällt sofort auf.
Nigel Barley: «Als Zeuge Jehovas gehören Sie offenbar zu einer besonderen Gruppe. Existiert bei Ihnen ein starker Gemeinschaftssinn?»
Philip: «Oh ja. Innerhalb der Gemeinden. In erster Linie trifft sich die Gemeinde natürlich, um die Arbeit gemeinsam zu erledigen. Wir haben aber auch liebe, enge Freunde in der Gemeinschaft, und wir sind mit allen sehr gern zusammen.»
Nigel Barley: «Sind alle Ihre Freunde mehr oder weniger Zeugen Jehovas?»
Philip: «Ja. Das ist doch eine ganz natürliche Sache. In vielen Gesellschaften fühlen sich die Menschen zu denen hingezogen, mit denen sie etwas gemeinsam haben.»
In der Tat sind die Zeugen Jehovas gegenüber Außenstehenden mißtrauisch. Wenn man solche Gräben zwischen sich und anderen Menschen zieht, bleibt nur die Bekehrungsarbeit und das Bekenntnis zu einer von der Allgemeinheit abgelösten Identität. Obwohl Philip Fernsehtechniker ist, achtet er

genau darauf, welche Programme in seinem Haus gesehen werden, damit die äußere Realität nicht in die Welt der Familie einbricht und sie untergräbt.
Philip: «Wenn man sich fortwährend ungeeignete Sendungen ansieht, kann man sich ihrem Einfluß nicht mehr entziehen. Genauso übernimmt man ja allmählich die Wertvorstellungen der Leute, mit denen man sich umgibt... Wir glauben nicht, daß man sich immer und überall anpassen sollte. Wir tun nicht gern, was alle anderen tun.»
Die Zeugen Jehovas suchen keine Kontakte zu Außenstehenden, weder beim Sport noch in der Freizeit, und heiraten untereinander. Viel Zeit verbringen sie mit dem gemeinsamen Bibelstudium. Diese Sitzungen können stundenlang dauern; die Zeugen haben immer eine Bibel zur Hand. Selbst die Kinder nehmen daran teil und zeigen eine (für England) erstaunliche Selbstbeherrschung und Hingabe. Während dieser endlosen Gesprächsrunden unter Gleichgesinnten, wo jeder dieselbe Methode anwendet, um zu denselben Schlußfolgerungen über denselben Text zu gelangen, wächst das spezielle Weltbild der Zeugen. Anders könnten sie kaum ihre Mauer gegen die Werte der sie umgebenden Kultur aufrechterhalten. Bei anderen Gelegenheiten lernen die Zeugen, mit welchen Methoden man die gemeinsame Sache am wirkungsvollsten vertritt und wie man seine Argumentation auf das Alter und die Interessen des Gegenübers abstellt. Zeugen Jehovas lernen von Kindheit an, mit Nachdruck kundzutun, wer sie sind und an was sie glauben – in einer Art und Weise, die englischen Gepflogenheiten überhaupt nicht entspricht. In den Augen Philips ist die Auffassung, Religion sei Privatsache, über die man nicht spricht, sehr englisch. Er erklärt sie sich mit britischer Reserviertheit und der Tatsache, daß den Engländern die Privatsphäre heilig ist, was uns bewußt wird, wenn die Zeugen Jehovas vor unserer Haustür stehen und uns bekehren wollen.
Philip: «Man sollte einmal bedenken, welche Überwindung es diejenigen Zeugen Jehovas kostet, denen diese English-

ness angeboren ist, welche Kraft sie manchmal brauchen, um von Tür zu Tür zu gehen ... Es fällt uns sicher nicht leicht, bisweilen ist es sogar richtig schlimm.»

Nigel Barley: «Darf ich Sie daran erinnern, daß die Bewegung der Zeugen Jehovas in Amerika entstanden ist? Glauben Sie, daß es in einem amerikanischen Kontext einfacher wäre, auf die Straße zu gehen und Menschen zu bekehren?»

Philip: «Das ist gut möglich ... Ich finde, daß die Amerikaner offener sind.»

Die Zeugen Jehovas haben auch andere Zeit- und Zukunftsvorstellungen. Sie feiern weder Geburtstage noch Weihnachten oder Ostern. Ihre Identität beruht auf der Überzeugung, daß das Ende der Welt, wie wir sie kennen, nahe ist. Unsere Zeit läuft ab.

Wie alles übrige stammt diese Idee aus biblischen Quellen, besonders aus der Offenbarung, einem ekstatisch-visionären Buch, das von vielen Geistlichen der Church of England nicht sonderlich geschätzt wird. Die Zeugen Jehovas entnehmen aus den Prophezeiungen, daß die letzte Phase der gegenwärtigen Welt 1914 begonnen habe und eine Zeit der Unordnung sein werde. Innerhalb der Lebenszeit der Generation, die danach geboren ist, finde der abschließende Kampf zwischen Gut und Böse statt, Armageddon, die Vernichtung der Ungläubigen und die Errichtung des Königreichs Gottes auf Erden. Dazu könnte es jeden Tag kommen, wie die Zeugen Jehovas aus der Schrift wissen.

Nigel Barley: «Leben Sie in ständiger Erwartung dieses Tages?»

Philip: «Aber ja. Wir sind wachsam ... und glauben, daß die Tage gezählt sind, und predigen natürlich so viel wie möglich, um andere Menschen zu überzeugen.»

Nigel Barley: «Heißt das, daß Sie Ihr gegenwärtiges Leben als provisorische, als vorläufige Angelegenheit betrachten?»

Philip: «Wir fühlen uns in einem gewissen Sinn wie fremde Gäste, ein wenig wie Abraham, als er aus dem Land ziehen mußte, in dem er geboren wurde.»

Nigel Barley: «Ist das der Grund dafür, daß Sie sich von dieser Welt absondern? Sie müssen sich gar nicht mit ihr auseinandersetzen, weil sie ohnehin nur noch ein paar Jahre besteht?»
Philip: «Ja. Die Schrift spricht vom *wirklichen* Leben, auf das man sich konzentrieren soll. In diesem Sinn sehen wir unser *Dasein* – wir genießen das Leben, wir predigen nicht nur, wie Sie vielleicht schon mitbekommen haben – als ein recht dauerhaftes an. Wir haben uns gewissermaßen an die Vorstellung gewöhnt, das Leben nicht als vorläufiges, sondern als immerwährendes zu betrachten.»
Nigel Barley: «Würden Sie denn lieber in der Zukunft als in der Gegenwart leben?»
Philip: «Ich weiß nicht. Das ist schwer zu beantworten. Ich denke, wir gewöhnen uns allmählich an ein Leben auf Dauer.»

Grüne Zeit

> «Die meisten Methoden, den Lauf der Zeit zu messen, sind, glaube ich, von Mönchen und religiösen Einsiedlern erfunden worden, die sich, als sie merkten, wie zähflüssig ihnen die Zeit verging, alle Mühe geben mußten, sie loszuwerden.»
> William Hazlitt, «On a Sundial», *Sketches and Essays,* 1839

Old Hall, Bergholt, East Anglia beherbergte einst eine Gemeinschaft von Franziskanermönchen. Der Altar ist heute entfernt und die Kapelle in ein Theater umgewandelt worden. Seit 1975 ist es das Zuhause der Kommune von Old Hall, einer Gruppe von etwa achtzig gleichgesinnten Menschen, die es hierher zog, um gemeinsam und im Einklang mit «organischen» Prinzipien ungefähr 60 Acre Land zu bewirtschaften. Sie versuchen, von den Nahrungsmitteln zu leben, die sie anbauen, ihre Tiere menschlich zu behandeln und ein gutes Beispiel zu geben für ihre Überzeugung, daß die Welt den steigenden Konsum nicht länger verkraftet und daß eine ein-

fache Alternative sowohl wünschenswert als auch notwendig ist. Mike Baker, ein Gründungsmitglied, erklärt dazu:
Mike: «Ich glaube, wir haben uns Sorgen über die technologische Entwicklung der Welt gemacht, über den Weg, den die Konsumgesellschaft eingeschlagen hatte, die sich nicht um das Land, die Erde, kümmert. Das hing eng mit den Bestrebungen der siebziger Jahre nach Selbstversorgung zusammen ... doch wir wußten natürlich, daß wir nicht völlig autark werden konnten. Sehr zu unseren Gunsten wirkte sich aus, daß die Franziskaner in dieser Gegend beliebt waren ... sie hörten uns zu, als wir hier leben wollten, und glaubten an uns. Ich werde nie vergessen, wie sie über uns sagten: ‹Hier gibt es eine Gruppe, die offenkundig keine religiöse Bindung hat, aber aus anderen Gründen ähnlich leben will wie wir; und darüber sind wir sehr glücklich.›»
Es geschah in Klöstern, daß Uhren und westliche Zeitvorstellungen erfunden wurden, daß man den Tag in verschiedene Bereiche mit entsprechenden Pflichten einteilte. Doch die Zeit verläuft zumindest in zwei Formen, linear und zyklisch. Das ökologische Denken beschäftigt sich durchgängig mit Kreisläufen und nicht mit der Ursache-Wirkung-Relation. Beide Denkweisen werden moralisch beurteilt. Das Denken in schlichten linearen Beziehungen von Ursache und Wirkung wird mit ausbeuterischer Gesinnung in Verbindung gebracht und als schlecht bewertet. Zyklisches Denken gilt als ökologisch begründet und gut an sich.
Die Glocke über der Kapelle ruft heute nicht mehr zum Gebet, sondern zu den gemeinsamen Mahlzeiten, dem neuzeitlichen Ritual des Tages, das die Einheit der Gruppe und die Verbundenheit mit dem Land beschwört. Die notwendigsten Aufgaben werden im regelmäßigen Turnus verrichtet, wodurch die Entstehung einer festen Hierarchie verhindert werden soll. John Gamlin, ein anderes Gründungsmitglied, sagte:
John: »Ich meine, daß ein regelmäßiger Kreislauf für viele Menschen darin besteht, gemeinsam zu essen.»

Nigel Barley: «Warum ist das so wichtig?»
John: «Nun, ich glaube, das ist eine Art Ritual. Wenn ich einmal zurückdenke, ist es doch das gemeinsame Essen, zu dem sich eine Familie versammelt, oder das Abendmahl in religiösen Kreisen ... So trifft sich auch unsere Kommune bei dieser Gelegenheit, die sich ja sonst nur zu Versammlungen vollständig einfindet; das gemeinsame Mahl erfüllt sowohl rituelle wie auch praktische Zwecke.»
Die Gruppe hat sich mit ihrem besonderen Lebensstil aufs Land zurückgezogen, und die organischen Metaphern wuchern. Die Mitglieder betonen sogar, daß ihre Kommune nicht nur nach bestimmten Grundsätzen lebt, sondern sich «organisch» entwickelt und «organisch» verändert. Mit den gleichen Argumenten verteidigt die herrschende englische Kultur die scheinbare Irrationalität der Monarchie. In der Kommune von Old Hall ist es nicht einfach, eine Entscheidung zu fällen, weil ihr die Harmonie über alles geht und unterschiedliche Meinungen oder nackte Gewalt sich mit den Werten der Gemeinschaft nicht vertragen.
Mike: «Zu einer Übereinstimmung zu kommen, kann ein sehr langwieriger und schmerzhafter Prozeß sein. Meistens gelingt es uns aber.»
Die Identität der Kommune beruht auf dem gemeinsamen Besitz, dem Haus und dem Land, erstreckt sich aber auch auf Dinge des alltäglichen Bedarfs:
Mike: «In einer Gemeinschaft zu leben bedeutet, durch gemeinsames Wirtschaften weniger zu konsumieren, die Wäsche zusammen zu waschen, die Produkte, die man braucht, bewußt auszuwählen und nur zu kaufen, was ökologisch vertretbar ist.»
Die Kommune ist sich jedoch darüber im klaren, daß ihre Existenzweise privilegiert ist. Da die Preise für Immobilien gestiegen sind, erfordert es viel Geld, sich in das gemeinsame Eigentum der Kommune einzukaufen – ungefähr zwischen 8000 und 42 000 Pfund.
Mike: «Wir wollten wirklich alles vermeiden, was eine abge-

sonderte, elitäre Existenz begründet, auch wenn Sie mit gewissem Recht sagen könnten, daß wir Weiße sind, die aus der Mittelschicht stammen und hier in einer ländlichen Umgebung leben. Das wird uns oft vorgeworfen.»

Anders als bei den Zeugen Jehovas sind Besucher mit anderen Anschauungen in der Kommune willkommen; man sucht den Kontakt zu den «Dorfbewohnern» und errichtet keine Mauern der Exklusivität. Aber der ökonomische Druck und der Drang zur Selbstversorgung tun das ihre, um die Kommunarden von allen anderen Menschen abzuschneiden.

Mike: «Ich spreche für die ganze Gruppe. Unsere Überzeugungen veränderten sich, als wir erkannten, daß wir uns recht leicht von der Gesellschaft absonderten, indem wir autark sein wollten, unsere eigenen Wollmützen von unserer eigenen Schafswolle strickten und so weiter.»

Ein klare Opposition kennzeichnet das Verhältnis zwischen dem Mythos der Moderne und dem Mythos vom Landleben. Für die Mitglieder der Kommune ist die Landwirtschaft von Smallwood mit ihren Maschinen und Chemieeinsätzen – die uns so «natürlich» scheint – die schlimmste Art von übertechnisierter Ausbeutung der Umwelt. Technik wird mit tiefem Argwohn betrachtet, während die Natur das Gute schlechthin verkörpert. Die ökologische Denkweise führt überdies dazu, «natürliche» Landwirtschaftsmethoden mit der sozialen Organisation des Lebens gleichzusetzen.

Mike: «Wenn wir auf dem Land wohnen, mit der Erde in Berührung kommen, im Rhythmus der Jahreszeiten und der Mondphasen leben, können wir wieder zu uns selbst finden; viele Menschen, die in ihrem städtischen Lebensstil verloren sind ... haben diesen Kontakt verloren. Das ist traurig.»

Ähnlich denkt und spricht John Gamlin:

John: «Ich glaube, es wäre gut, wenn wir alle wieder Kontakt zur Erde aufnehmen würden. Mir scheint, daß viele Menschen ein sehr künstliches Leben führen, in winzigen Häusern mit handtuchgroßen Gärten, völlig abhängig von Läden und der Versorgung von außen. Die technologische Entwicklung hat die Welt einst zum Besseren gewandelt; nun ist es aber des Guten zuviel, und Probleme wie soziale Konflikte, Vandalismus und Scheidungen sind die Folge. Das sind Symptome der sozialen Misere, die sich unserer heutigen Lebensweise verdanken.»

Die Ablehnung der technologischen Achterbahn, die Betonung der natürlichen Rhythmen des organischen Wachstums – all das läuft auf eine Art «grüner Zeit» hinaus, der die Zeit der Uhren, der Lohnarbeit und der Außenwelt gleichgültig ist. Oft wurde behauptet, daß Erfindungen wie die Fotografie, die Eisenbahn, Radio und Fernsehen unsere Wahrnehmungen von Raum und Zeit verändert haben; selten aber wird bemerkt, daß die Einstellung zur Technik die Uhren zurückdrehen kann. Die Tatsache, daß sich die Kommunemitglieder mit Hilfe der Kirchenglocke durch die Zeit bewegen und sich nicht mehr nach der Uhr richten, zeigt, daß sie sich von der linearen Zeit verabschiedet haben. «Grüne Zeit» ist in ihrem Wesen kreisförmig, wie der Turnus, in dem sich das ländliche Leben abspielt. Das Schlüsselwort der Kommune ist «Harmonie», ein Begriff, der sich leicht aus einem Seinsbereich in den anderen übertragen läßt. So soll ein Leben im Einklang mit den Rhythmen der Natur zwangsläufig dazu beitragen, die tiefen Risse in der menschlichen Welt zu heilen.

John: «Die Kommune will den Menschen mit seinesgleichen und mit seiner Umwelt versöhnen. In diesen Tagen machen wir uns wohl alle Sorgen um die Zwietracht in der Gesellschaft; daher bemühen wir uns um Versöhnung und Harmonie. Im weiteren Sinn beschäftigt es uns, daß wir alle miteinander verbunden sind, die ganze Schöpfung, und doch uns feindselig gegenüberstehen. Es gibt Konflikte, und wir sehen unsere Aufgabe darin, Harmonie in die Welt zu bringen.»

Die Zeit hat aber noch einen anderen Aspekt, die Vergangenheit, der wir uns zuwenden müssen, wenn wir verstehen wollen, wie sich durch die Monarchie eine nationale Identität herausbildet und festigt.

DIE KÖNIGIN UND IHR LAND

«Ein französischer Bastard, der mit bewaffneten Banditen in England landet und sich gegen den Willen der einheimischen Bevölkerung zum König erklärt, gibt, kurz gesagt, ein zutiefst jämmerliches, niederträchtiges Bild ab. Mit göttlichem Auftrag hat das nichts zu tun... Die altehrwürdige englische Monarchie, das ist die schlichte Wahrheit, hält einer näheren Überprüfung nicht stand.»

Tom Paine, *Common Sense*, 1776

Zweifellos ist die Institution der Monarchie heutzutage in England sehr beliebt, auch wenn das nicht immer so war. Sobald es um die nationale Identität geht, wird die königliche Familie – vielleicht allzu oft – wie eine Trumpfkarte ausgespielt. Ihre Mitglieder tauchen überall auf, an der Spitze von Regimentern, Wohltätigkeitsveranstaltungen, Jugendorganisationen, ja sogar religiösen Einrichtungen. Ihre Anwesenheit im Vorstand solcher Institutionen garantiert, daß es sich um eine «gute Sache» handelt; ihre Abwesenheit reicht aus, um mißtrauisch zu werden. Das ist kennzeichnend für Personen, die aufgehört haben, Individuen zu sein, und zu Symbolen geworden sind.

Leider ist es kaum zu vermeiden, daß lebende Symbole sprechen und handeln. Ein großer Teil der Boulevardpresse und die Engländer in ihrem nationalen Bewußtsein beschäftigen sich unentwegt mit der Frage, ob das, was die Angehörigen der königlichen Familie gerade sagen und tun, mit ihrer symbolischen Rolle vereinbar sei. Es ist vermutlich sehr englisch, daß hier Begriffe wie ‹öffentlich› und ‹privat› ins Spiel kommen, die Angelegenheit also unter dem Blickwinkel betrachtet wird, ob eine prominente Person ein Recht auf eine Privatsphäre hat.

Die Queen ist Königin von England, sie herrscht aber über alle Briten, sogar über den kümmerlichen Rest des Commonwealth. Sie ist ein seltsames Wesen. Wenn sie die schottische Grenze überquert, wechselt sie automatisch die Religion, um sich den Gepflogenheiten des Landes anzupassen. Sie hat zwei Geburtstage. Der Engländer macht einen feinen Unterschied zwischen der Königin, der Krone und der Regierung – alle drei jedoch gelten als Institutionen. Unklar ist, ob sie in juristischem Sinne immer noch zwei Körper hat – wie im Mittelalter.

Der letzte Satz belegt, daß man über die Königin unmöglich schreiben kann, ohne mit der Zeit Schlitten zu fahren. Ihr eigenartiges Verhältnis zur Zeit drückt sich in ihrer mystischen Fähigkeit aus, Existenzweisen zu bestimmen. Sie erklärt Gesetze für gültig, macht die Niedrigen zu Edlen, die Verurteilten zu Unschuldigen, hebt eine ganze Nation aus einem symbolischen Zustand in den anderen, wenn sie den Krieg erklärt, und weiht – auf einer bescheidenen, aber zeitraubenden Ebene – Brücken und andere öffentliche Bauten ein. Gewöhnlich bedeutet das, sie für diesen besonderen Tag dicht zu machen. Ihre Legitimität beruht auf dem Besitz uralter Erbstücke, den Kronjuwelen.

Die Symbolforschung kennt, grob gesagt, zwei Arten von Symbolen: die «trennenden» und die «verbindenden». Die ersteren werden benutzt, um feine, aber wesentliche Unterschiede anzudeuten. So kann materieller Besitz den Eigentümer auszeichnen und von anderen abgrenzen. Das britische Königshaus dagegen ist eindeutig das höchste Symbol der Einheit, das Trennungen durch Rasse, Religion, Klasse und sogar durch die Zeit überwindet und andere symbolische, semantische und emotionale Kräfte zu einem einzigen berauschenden Gebräu zusammenmischt. Wesentliche Ingredienzen sind Treue, Legitimität und Hierarchie; sie sind aber noch nicht einmal die wichtigsten. Das Königshaus ist vor allem ein Gütesiegel der komplizierten und zählebigen nationalen Identität der Briten. «Der König ist tot! Lang lebe der König!» ist ein beredter Ausdruck der Tatsache, daß die Monarchie gegenüber dem Wandel immun ist.

Die ungeschriebene britische Verfassung berücksichtigt diese Tatsache in der Gegenüberstellung von Politik und Königshaus. Die Politik stellt den Inbegriff des wandelbaren Geschicks, des Umschwungs und des Provisorischen dar. Die Monarchie steht über allem, sie ist die unerschöpfliche Quelle der Legitimität von Regierungen.

Die abgenutzte Trumpfkarte

Im Lauf ihres Lebens geraten Engländer oft in die Verlegenheit, der Königin Treue zu geloben. Damit fangen viele schon im Alter von acht Jahren an, wenn sie den Wölflingen oder, später, den Pfadfindern beitreten. All diese Organisationen binden das Individuum in eine Art von Gruppenidentität ein, die gewöhnlich als *höhere* Form der Identität gilt.

Einrichtungen praktizierter Albernheit, wie die Pfadfinder, wurzeln tief im englischen Leben. Merkwürdig ist, daß sie zum erfolgreichen Exportartikel geworden sind, wo sie doch sehr englische Werte, wie Religiosität, Naturempfinden und Monarchie, verkörpern. Diese Einrichtungen haben einen unausgesprochen patriotischen Charakter. (Die Königin und die Queen Mother sind Schutzherrinnen der Pfadfinder, Prinzessin Margaret ist ihre Präsidentin.) Bei der Gründung der Pfadfinder verfolgte man auch den Zweck, Frauen eine Aufgabe beim Aufbau des Empires zuzuweisen. Wie tief aber geht dieser Patriotismus? Wir besuchten eine Pfadfindergruppe in ihrem Lager bei Clitheroe.

An einem kalten, feuchten Tag herrschte dort eine wilde Entschlossenheit, sich zu betätigen. Während sie Wasser holten, Toiletteneimer leerten und Flöße bauten, hielten die Pfadfinder fast schon trotzig daran fest, daß sie sich großartig amüsierten. Man berief sich auf den verschwommenen Begriff des Vergnügens.

Die Pfadfinder sind ein frühes Beispiel angewandter Anthropologie, eine Mischung aus den Phantasien eines Mannes, Lord Baden-Powell, über die Eingeborenen Südafrikas einerseits und den Traditionen der britischen Armee andererseits. Diverse Zeremonien entstanden um den Union Jack und andere Fahnen. Das gemeinsame Singen und die Uniformen wurden vom Militär übernommen. Die geheimnisvollen Sitten und Bräuche des Lagerlebens haben mit der gewöhnlichen Realität kaum etwas zu tun. Im Gegensatz zu den amerikanischen Pfadfindern tragen die Briten keine Asche vom letzten Lagerfeuer in ihre gegenwärtigen Behausungen, um damit ihr Territorium zu markieren. Aber Lagernamen erhalten sie (Spitznamen), und man behält sie vielleicht das ganze Leben lang. Wir fragten Ivy «Squidge» (Matschi) Coles – einer Dame, die sich aus dem aktiven Pfadfinderleben zurückgezogen, ihren Spitznamen aber behalten hat (sie trat vor etwa vierzig Jahren in einen besonders ekligen Kuhfladen) – nach dem Pfadfindergelübde:

Ich gelobe, mein Bestes zu geben
Meine Pflicht gegenüber Gott zu erfüllen
Der Königin zu dienen, anderen Menschen zu helfen und
Das Gesetz der Pfadfinder zu achten.

Squidge: «Unsere Arbeit als Pfadfinder hat einen religiösen Hintergrund, Gott ist ein Teil unseres täglichen Pfadfinderlebens und unseres Gelübdes. Wir geloben, unsere Pflicht gegenüber Gott zu erfüllen.»

Nigel Barley: «Was heißt das genau?»

Squidge: »Oh, danach fragen wir die Mädchen, wenn sie Pfadfinderinnen werden wollen. Vielleicht würde es Ihnen helfen, darüber mit einer Pfadfinderin zu sprechen.»

Das taten wir.

Nigel Barley: «Im Pfadfindergelübde gelobst du, der Königin zu dienen. Ist das wichtig für dich?»

Emma Bruce: «Manchmal. Mehr im Lager als zu Hause.»

Nigel Barley: «Spielen die kleinen Zeremonien dabei eine Rolle? Zum Beispiel die Fahnen?»

Emma: «Ja.»

Nigel Barley: «Erinnern sie dich daran?»

Emma: «Ja ... Manchmal tragen wir auch zu Hause Fahnen, aber das ist etwas völlig anderes, eben weil man drinnen und nicht draußen ist.»

Nigel Barley: «Und was ist mit dem Dienst an Gott? Das gehört auch zum Versprechen, nicht wahr?»

Emma: «Ja.»

Nigel Barley: «Ist das für dich wichtig? Glaubst du wirklich daran?»

Emma: «Nein, ich glaube nicht an Gott, aber an Gebete.»
Nigel Barley: «Das mußt du mir schon erklären . . .»
Emma: «Ich weiß nicht so recht. Ich habe mich einfach daran gewöhnt, weil wir am Ende jedes Tages im Lager immer beten; daher ist es mir vertraut.»
Wir unternahmen noch einen Versuch:
Nigel Barley: «Als Pfadfinder legst du das Gelöbnis ab. Nimmst du es sehr ernst?»
Sarah Curtis: «Ja.»
Nigel Barley: «Du gelobst, der Königin zu dienen... Was heißt das?»
Sarah: «Anderen Menschen helfen, freundlich sein, vertrauenswürdig und so.»
Nigel Barley: «Dient man damit der Königin?»
Sarah: «Irgendwie schon.»
Nigel Barley: «Aber was bedeutet es für dich, der Königin zu dienen?»
Sarah: «Das Pfadfindergesetz einzuhalten.»
Nigel Barley: «Mit all dem dient man der Königin . . .?»
Sarah: «Ja, man erweist Lord und Lady Baden-Powell Respekt.»
Wir kehrten zu Squidge zurück, um zu erfahren, was es wirklich heißt, «der Königin zu dienen».
Squidge: «Gute Staatsbürger zu sein. Sich an die Gesetze zu halten. Das ist sehr wichtig, glaube ich . . .»
Nigel Barley: «Dann dient man der Königin nicht nur *persönlich?*»
Squidge: «Nein. Man dient seinem Land, das heißt es.»
Es scheint so, als ob die Idee vom «Dienst an der Königin» in der vom guten Staatsbürger aufgegangen ist, was nicht ganz dasselbe ist. Allerdings kann man sich nur schwer vorstellen, einen Pfadfinder dabei zu erwischen, daß er «nicht der Königin dient». Das könnten höchstens Vergehen sein wie «unamerikanische Aktivitäten» oder «Handlungen, die dem Ruf der Universität schaden», die man immer dann aus der Tasche zaubert, wenn man einen anders nicht zu fassen kriegt.

Wenn Pfadfinder erwachsen werden, kann es ihnen leicht passieren, daß sie in der Armee, die offiziell der Königin unterstellt ist, ihren Untertaneneid erneuern müssen. Wir besuchten The King's Own Border Regiment of the Territorial Army (TA) in Barrow-in-Furness, um zu erfahren, ob sich diese Soldaten als «Soldaten der Königin» verstehen und ob das für die Gruppenidentität wesentlich ist.

Obwohl es ein Werktag war, fanden Übungen statt; man stürmte eine verlassene Scheune, in der sich ein feindlicher Agent verborgen hielt. Die meisten Männer arbeiteten im bürgerlichen Beruf auf der Vickers-Werft und befanden sich gerade im Streik. Ihr Offizier, Alan Dickson, saß in der Verwaltung derselben Firma und streikte daher nicht. Wenn die Männer des Territorialheeres die Uniform der Königin anlegen, unterstehen sie einem anderen Gesetz. Ein Offizier unterliegt immer den Dienstvorschriften der Königin. Warf der Wechsel zwischen den beiden Identitäten nicht Probleme auf, besonders während eines Arbeitskampfes?

Alan: «Ich würde nie zulassen, daß das irgendwie auf die Armee abfärbt, und meine Jungs ebensowenig. Wenn jemand dergleichen versuchen sollte, würde ich sehr streng vorgehen, und das erwarte ich auch von meinen Unteroffizieren – schließlich ist die Armee etwas völlig anderes. Sie ist eine disziplinierte Organisation. Da kann man nicht herumlaufen und Leute anmachen wie beim Streik.»

Nigel Barley: «Es wäre also denkbar, daß Sie von Streikposten angebrüllt werden, die dann in der Armee ‹Sir› zu Ihnen sagen?»

Alan: «Oh ja ...»

Nigel Barley: «Können Menschen denn mit derart verschiedenen Rollen leben?»

Alan: «Das müssen sie lernen. Anders funktioniert es nicht.»

Wenn man mit den einfachen Soldaten spricht, wird deutlich,

daß es funktioniert. Im Manöver den Feind spielen zu müssen, ist eine Form der Bestrafung. Im Zug herrscht ein strenger Gruppengeist, der die Männer in erster Linie in die Armee gezogen hat.
Nigel Barley: «Was hofften Sie zu finden, als Sie Soldat wurden?»
Graham Seaward: «Eigentlich Kameraden, Freunde.»
Nigel Barley: «Hatten Sie denn davor keine?»
Graham: «Doch schon. Aber das ist etwas anderes. Es gibt hier einen stärkeren Zusammenhalt. Man packt zusammen an, arbeitet in einem Team. Man schmeißt die Sache gemeinsam.»
Nigel Barley: «Ist das im Zivilleben denn anders?»
Graham: «Ja, bei Vickers schon. Wenn man einen Job hat, führt man ihn allein aus, und damit hat es sich.»
Auch John Rawlinson, einem anderen Mitglied der Kompanie, ist diese Kameradschaft wichtig:
John: «Das Militär ist etwas anderes. Ich habe auch Freunde außerhalb der Armee; aber die extremen Situationen, die wir gemeinsam durchstehen, wenn wir nachts zum Manöver ausrücken, wenn wir frieren oder die Grenze unserer physischen Leistungsfähigkeit erreichen, machen uns, glaube ich, zu besonderen Freunden.»
Nigel Barley: «Es gibt Studien, nach denen im Kriegsfall in der regulären Armee nicht die dreihundert Jahre militärischer Tradition zählen, sondern die Bindungen an die Gefährten, die Kameraden. Stimmt das?»
John: «Ja. Das kann ich nur bestätigen. Ich weiß sogar, daß diese Loyalität auch dann existiert, wenn wir draußen mit Platzpatronen üben ... wenn es nicht um Leben oder Tod geht, sondern darum, daß eine andere Kompanie einen von uns als Gefangenen nehmen will. Wir haben zusammen gearbeitet, zusammen Übungen abgehalten, zusammen gelitten; daraus erwächst ein sehr starkes Gefühl der Loyalität.»
Die Uniform gehört dazu. Sie verleiht ihren Trägern eine Identität, erlaubt aber keine individuellen Veränderungen

oder Launen, die im Alltag eine Persönlichkeit verraten. Statt dessen zieren sie Zeichen mit einer bestimmten Bedeutung, die den Rang, die Zugehörigkeit und besondere Fähigkeiten und Verdienste verraten. So deutlich werden im zivilen Leben weder Identität noch Stellung innerhalb von Hierarchien preisgegeben. Auf dem militärischen Gewand sind sie unübersehbar und leicht in Machtverhältnisse zu übersetzen. Anders als im zivilen Leben verrät die Uniform, wer wem befehlen darf. Alan Dickson ließ keinen Zweifel daran, wieviel sie ihm persönlich bedeutet:
Alan: «Die Uniform ist wichtig, weil sie alle auf eine Ebene stellt. Alle sehen gleich aus, bis auf die kleinen Unterschiede, die Rangabzeichen, die einige aus der Menge der gemeinen Soldaten herausheben, bei den Unteroffizieren am Arm oder bei den Offizieren auf den Schultern. Immer aber trägt man die grüne Uniform und ist Soldat, was für einen Rang man auch bekleidet.»
Nigel Barley: «Empfinden Sie wirklich eine Veränderung, wenn Sie diese Uniform anziehen?»
Alan: «Ja.»
Nigel Barley: «Sie schlüpfen aus einer Identität in die andere?»
Alan: «Allerdings. Ohne Schwierigkeiten.»
Wie steht es nun mit der Königin? Mitglieder des Zugs erzählten uns, daß sie sich nicht als besonders patriotisch eingestuft hätten, bis sie in die Territorialarmee eintraten.
Nigel Barley: «Wollen Sie uns verraten, wie Ihr Eid lautet?»
Simon Gray: «Wir geloben, die Königin zu schützen sowie unser Land und jeden, der um Hilfe bittet. Im Grunde sind wir dazu da, gerufen zu werden, wenn England uns braucht.»
Nigel Barley: «Heißt das, daß Sie ein Haufen von Erzpatrioten sind?»
Simon: «Wenn wir Soldaten werden, wohl kaum; aber in der TA wirst du zum Patrioten. Ich glaube, ich bin patriotischer geworden, seit ich beim Militär bin ...»

Nigel Barley: «Aber mit dem Eid schwören Sie der Queen Loyalität. Ist die Königin für Sie persönlich wichtig?»
Simon: «Nein, das würde ich nicht sagen ... Nicht die Queen als Person. Es gibt zwar ein Gefühl von Loyalität gegenüber der Königin als Galionsfigur; aber das ist für die Kompanie nicht wichtiger als anderes.»
Alan Dickson, der Kompaniechef, stimmte dem zu:
Alan: «Der durchschnittliche Mann der TA hat wahrscheinlich nicht viel über die Königin und sein Land nachgedacht, bevor er Soldat wurde. Wahrscheinlich ist er für die Monarchie, ziemlich sicher sogar ... Wenn er zur TA kommt, gerät er in eine Umgebung, die auf jeden Mann abfärbt – und dies um so stärker, je länger er dort bleibt ... Im freien Feld richten sich alle Loyalitätsgefühle auf die Abteilung und auf deinen Kameraden neben dir. Das würde kaum jemand bestreiten; aber schließlich kämpft man für die Königin und sein Land ... Man hält gegen die anderen zusammen.»
Nigel Barley: «Glauben Sie, daß die Menschen gerade das bei der normalen Arbeit vermissen?»
Alan: «Ja. Ich glaube nicht, daß man sich gegenüber seinem Arbeitgeber besonders loyal fühlt ...»
Die Loyalitätsgefühle eines Soldaten gegenüber der Königin und dem Land müssen nicht notwendigerweise sehr tief gehen. Die Queen wird nicht wirklich als menschliches Symbol betrachtet, das alle möglichen ideellen Werte verkörpert; sie bleibt schattenhaft und abstrakt. Ein Soldat erfüllt seine Pflicht gegenüber solch abstrakten Wesenheiten, indem er einfach seine Pflicht tut, ebenso wie die Pfadfinder gute Staatsbürger sind. Die Loyalität der Territorialarmee gegenüber der Königin ist eher ein allgemeiner Ausdruck unverwüstlicher Kameradentreue.
Vielleicht aber ist Loyalität mehr als ein Gefühl. In jeder Kultur gibt es Regeln für das, was man lieber nicht ausdrücklich erwähnt und worüber man offen spricht. Die Engländer sind hinreichend bekannt dafür, daß sie über ihre tiefsten Gefühle nicht reden und hohe moralische Werte nicht herausstellen

wollen. Interessanterweise aktzeptieren soziologische Erklärungen bereitwillig, daß man hehre Prinzipien auf den Eigennutz des einzelnen zurückführt; nur selten aber vermutet man hinter scheinbar individualistischem Utilitarismus hohe Werte. Dieses Bild einer universellen menschlichen Natur läßt uns Bindungen an Gebilde, die höher stehen als wir selbst, argwöhnisch betrachten – außer wenn wir feststellen, daß sich dahinter ein selbstsüchtiges Ziel verbirgt.
Nigel Barley: «Die Menschen äußern sich heutzutage sehr zynisch über Begriffe wie Loyalität und Patriotismus. Meinen Sie, daß hinter diesem Zynismus eine tiefe Sehnsucht nach diesen Werten liegt?»
Alan: «Ja, das glaube ich. Auch ich kann zynisch über diese Dinge reden, und doch bin ich ein Patriot; die Reaktion der Mehrheit der Bevölkerung 1982 (während des Falkland-Kriegs) hat gezeigt, daß solche Werte existieren und man sie nur aufzurufen braucht.

Geschichtsbewußtsein

Fragt man jemand nach dem Wesen der nationalen Identität, taucht ein Wort immer wieder auf: Geschichte. Es wird angenommen, daß die Existenz einer nationalen Identität durch die Geschichte bewiesen ist. In Wirklichkeit werden die Dinge dadurch nur problematischer, weil Geschichte eine Konstruktion der Gegenwart ist und sich deshalb auch ständig ändert. Wir übertragen sogar unseren heutigen Begriff von nationaler Identität auf die Vergangenheit. Arglos erzählen wir Fremden, «wir» seien von den Römern erobert worden – lange bevor England als Einheit überhaupt existierte.
Wann die Geschichte anfängt, ist nicht eindeutig festzustellen. Offiziell beginnt sie vor dem dreißigjährigen Zeitraum, nach dem wir zu öffentlichen Akten Zugang haben. Diese Grenze wird auch durch Schule und Universität markiert. Wenn wir älter werden, geraten wir zunehmend in Konflikt

mit dieser historischen Perspektive. Sie umfaßt Perioden, die wir zu unserer eigenen Biographie rechnen. Das ist nicht Geschichte, könnten wir protestieren, sondern unsere eigene erinnerte Vergangenheit.

Geschichte ist vor allem eine Quelle, aus der wir Mythen schöpfen können. In der Vergangenheit ruhen die Belege für wahre «Englishness». Jede Nation konstruiert ihre eigene Geschichte, wie der Kartograph, der seine Nation in die Mitte der Welt verlegt. Am deutlichsten wird das vielleicht am Geld. Nichts scheint wirklicher zu sein als Geld; und doch ist es eine bloße Metapher, die den Wert der Waren durch ein willkürlich festgesetztes Maß ausdrückt. Die relativ wertlosen Papierscheine, die wir horten und austauschen, sind mit nationalen Symbolen übersät. Weibliche Symbole wie Boadicea (die gar nicht begriffen hätte, was «englisch» heißt) und Britannia (angeblich nach dem Vorbild einer königlichen Mätresse entworfen) drängen sich an St. George (der wohl nie exitiert hat, aber eine volkstümliche Kultfigur ist) – alle versammeln sich unter dem Banner der «Englishness». Auf der anderen Seite der Banknoten finden wir unseren Nationalpoeten (Shakespeare) oder nationale Helden wie Wellington (der einige Franzosen vernichtete) und Florence Nightingale (die sich den Verwundeten widmete) – sie alle bestätigen und bestärken sich gegenseitig.

Heutzutage nehmen wir unsere Symbole sehr ernst. «Unsere» Geschichte ist nicht nur eine Zeit, sondern ein Ort, zu dem wir wie nach Torremolinos pilgern können. Sie wurde zu Stein in Nationaldenkmälern, die der Zeit trotzen sollen; nagt die Zeit an ihnen, werden sie sorgsam «restauriert». Reichen sie uns nicht mehr, bauen wir eben mehr davon. Die Errichtung historischer «Themenparks» ist eine bedeutende Wachstumsindustrie. Sie bieten Geschichte in steriler Form, eher pittoresk, eher versöhnend als verstörend – eine Form, die ausbeuterische Arbeit im ländlichen Handwerk aufgehen läßt. Ihr Verhältnis zur akademischen Geschichte gleicht der Beziehung zwischen Tourismus und Ethnographie.

Heutzutage bieten sich besondere Stätten – Wachsfigurenkabinette und *son et lumière*-Shows – den Touristen an. Sie geben eine leichte Antwort auf die Frage, wer die Engländer (oder die Briten oder die Schotten) *sind* und wo ihre historischen Wurzeln liegen. Auf den Postkarten, die Touristen nach Hause schicken, auf den unzähligen Fotografien der königlichen Familie, von bunten Uniformen und Schlössern, schaut uns unsere eigene Karikatur entgegen – ein Bild, das sich die Fremden von uns machen. Man sollte jedoch nicht annehmen, daß dergleichen nur für einfältige Ausländer ersonnen wird. Auch wir sind unersättliche Konsumenten unserer eigenen historischen Mythen.

Die Stately Homes of England

> «Die Stately Homes of England, da stehen sie in ihrer Pracht,
> Und zeigen: die oberen Klassen sind unverändert an der Macht ...
> Die Stately Homes of England, wir halten sie instand,
> Damit der Amerikaner kommt in unser Land.»
>
> Noel Coward

Die Aristokratie scheint eine Art Monopol auf Familiengeschichte zu besitzen; geheimnisvolle Schleier umgeben das Privileg, aus «alter» Familie zu stammen. Hutton-in-the-Forest, Cumbria, ist das Familienschloß von Lord Inglewood. Seit dem 17. Jahrhundert ist es im Besitz der Familie und steht inmitten eines landwirtschaftlichen Betriebes von 10000 Acre. Über viele hundert Jahre gewachsen, prägt das Haus eine Mischung aus verschiedenen Stilen. Es unterscheidet sich von vielen Stately Homes, weil es immer noch als Wohnsitz der Familie benutzt wird. Für den Besucher verkörpern sich hier zwei große Vorlieben der Engländer: das Zuhause und die Geschichte.

Der Honourable Richard Vane, Erbe des Titels, ein um die englische Identität besorgter junger Mann, kandidiert für das Europäische Parlament und ist gleichzeitig Mitglied eines ur-

alten Hauses. Wir fragten ihn nach dem Stellenwert der Geschichte für unsere nationale Identität:
Richard: «Was auch immer unter britischer Identität verstanden wurde, es entwickelt sich in und mit der Zeit. Ich bin für Europa, aber kein Föderalist mit Haut und Haaren oder so etwas; doch ich glaube, daß man seine eigene Identität im Kontext dessen sehen muß, was in der Welt vor sich geht. Es fällt ins Auge, daß im Mittelalter Britannien und Irland, vielleicht sogar Britannien als Ganzes, England und Schottland, ein Teil von Europa waren. Auch spricht vieles dafür, daß unsere Kolonialgeschichte vor allem darin bestand, europäische Kriege außerhalb Europas zu führen. Schließlich haben wir sehr selten die eingeborene Bevölkerung der späteren Kolonien bekämpft, vielmehr die Franzosen oder Spanier – alles war eine Frage der Machtpolitik in Europa ...»
Nigel Barley: «Spielt die Aristokratie Ihrer Meinung nach immer noch eine Rolle als Stützpfeiler der nationalen Identität?»
Richard: «Das ist schwer zu sagen. Vor allem weil Sie von einer Gruppe sprechen, die eigentlich nicht mehr existiert. Wer zur Aristokratie gehört und einen Platz wie diesen hier sein eigen nennt, hat – damals wie heute – eine tragende Rolle in der Kulturgeschichte Großbritanniens inne. Wer dagegen nur, um ein mythisches Beispiel zu zitieren, dem ruinierten Duke gleicht, der sich still und leise in Pinner zu Tode trinkt, bei dem weiß ich nicht so recht, was für eine Aufgabe er hat.»
Nigel Barley: «Wie paßt die Königin dazu? Ungewöhnlich ist doch, daß sie als Mittelschichtsfigur wahrgenommen wird, obwohl sie ein Mitglied der Aristokratie ist.»
Richard: «Ja. Die Monarchie hat sich sehr geschickt der Welt, in der wir heute leben, angepaßt, mit dem Ergebnis, daß die meisten Briten, gleichgültig ob Republikaner oder Monarchisten, die Monarchie lieben ... Es ist sehr schwierig, denke ich, logische Argumente für die Monarchie zu finden, wenn man einmal akzeptiert hat, daß die Idee vom göttlichen Auftrag der

Könige Unsinn ist. Unser System scheint aber der Mehrheit zu gefallen, und in einer demokratischen Gesellschaft sollten die Menschen bekommen, was sie wollen. Es sieht so aus, als ob sie die Monarchie wollen und damit glücklich sind.»

Dennoch macht sich eine tiefe Verunsicherung in bezug auf die britische Identität bemerkbar. Richard Vane bringt dafür eine historische Erklärung vor:

Richard: «Mag sein, daß wir kulturell immer noch vom Erbe unserer viktorianischen, imperialen Vergangenheit zehren, als wir Briten – im damaligen Verständnis die Engländer – an der Spitze standen. Damals zwang einen niemand und nichts, in einer selbstgrüblerischen Weise zu definieren, wer man war und was man tat. Das ist nun eine Weile her. Ich wage zu behaupten, daß es für uns – in dem Maße, wie die Welt fortschreitet – immer wichtiger werden könnte, genau zu wissen, wer wir als Nation sind. Ob es einem paßt oder nicht: die nationale Identität spielt für viele Menschen eine große Rolle. Ungeachtet aller Meinungsverschiedenheiten stehen alle Menschen auf dieser Insel wie ein Mann zusammen, wenn die Nation bedroht ist.»

Ein andermal erzählte Richard vom Haus eines Bekannten, das mit Gegenständen aus der viktorianischen Ära so vollgestopft ist, daß die gegenwärtigen Bewohner hauptsächlich vom Verkauf leben könnten und die Anzahl der Möbel damit nur auf das normale Maß unserer Zeit reduzieren würden. Seltsam ist, daß unsere viktorianischen Vorfahren mittendrin in diesen Bergen von Gegenständen kein Bedürfnis verspürten, sich ein klares Selbstverständnis zuzulegen.

Im Gegensatz zu nüchternen Verfassungsanalysen und antiquarisch Interessierten kann man bei uns überall im Land tiefe, persönliche royalistische Begeisterung, eine Liebe nicht nur für die Monarchie, sondern auch für den Monarchen selbst, entdecken. Wir besuchten Elizabeth Barron, die sich selbst als glühende Royalistin bezeichnet, in ihrem Haus in Bretherton, nahe bei Preston. Sie lebt in einem kleinen Bungalow, wo vor allem zahlreiche Union Jacks und Bilder der königlichen Familie im Flur auffielen. Den Garten zierte ein großer Anker, der in Blumentöpfen steckte, und eine Puppe, die von einem Storchenschnabel hing. Elizabeth erklärte, daß sie damit die Geburt eines Kindes für Prinz Andrew darstellen wollte.

Nigel Barley: «Warum mögen Sie die königliche Familie?»

Elizabeth: «Das kann ich nicht erklären. Als ob man sich in jemand verliebt, aber nicht weiß, wieso. So ist es mit mir und der königlichen Familie. Ich kann Ihnen das nicht erklären.»

Elizabeth hat schon mehrfach Urlaub in der Nähe der königlichen Residenzen gemacht und die Königin getroffen. Sie spricht von diesen Begegnungen als den großen Ereignissen in ihrem Leben.

Elizabeth: «Oft verbrachte ich meine Ferien in Windsor während der königlichen Rennen in Ascot; ich stand am Tor von Old Windsor und wartete darauf, daß die Queen zurückkehrte ... Sie ging immer durch einen privaten Eingang, den mir ein Angestellter der Anlage verriet. Da stand ich nun, so nahe es ging, ohne das Gesetz zu verletzen, und winkte ihr, und sie winkte zurück, und nach ein paar Jahren dachte ich: ‹Ob sie wohl von mir ein Sträußchen annehmen würde?› Ich schrieb ihr und fragte sie ... Seitdem habe ich zweimal geschrieben, und jedes Mal akzeptierte sie meinen Strauß. Die Wagen hielten an, und es war wunderbar: sie sprach mit mir etwa fünf Minuten lang.»

Elizabeth strahlt immer noch über das ganze Gesicht, wenn sie davon erzählt.

Elizabeth: «Sie war wunderbar. Ich fuhr am Samstag morgen zu ihr; meine Hände waren heiß und feucht und die der Königin wie Rosenblätter.»

Das andere große Ereignis war die Hochzeit von Prinzessin Margaret (Elizabeth war bei vier königlichen Hochzeiten und zwei Krönungen dabei, einmal riß ihr ein *königlicher* Wagen eine Manteltasche ab). Obgleich sie eine ältere Witwe ist und sichtlich sparsam leben muß, bekümmern Elizabeth An-

schuldigungen, daß die königliche Familie reine Geldverschwendung sei. Sie hat ein Dossier von Zeitungsausschnitten angelegt, mit dem sie beweisen will, daß die Royals dem Land wirtschaftlichen Vorteil bringen.
Nigel Barley: «Darf man die königliche Familie mit Geld aufwiegen?»
Elizabeth: «Nein, die königliche Familie kann nicht mit Geld aufgewogen werden. Sie ist absolut unbezahlbar und meiner Meinung nach unser größter nationaler Aktivposten.»
Jede Kultur entwickelt Regeln für den Umgang mit den zwei brisantesten Verkehrsformen: Geld und Humor. Die Queen, meint Elizabeth, sollte als fundamentaler Kulturwert weder in einer Bilanz ausgewiesen noch zum Gegenstand von Witzen werden. Margaret Barron, Elizabeths Schwester, sieht das etwas anders.
Margaret: «Ich gehe nicht so weit wie Elizabeth, weil ich das nicht nötig finde. Wenn alle so handeln würden, wäre die Belästigung groß. Ich verspüre kein Bedürfnis, ihr so nahe zu kommen. Ich mag sie aus der Entfernung ebenso wie aus der Nähe.»
Elizabeth: «Es ist einfach undenkbar, daß wir die Geschichte und das Erbe, auf das viele Millionen von uns so stolz sind, ablehnen. Es ist schlicht unvorstellbar, daß wir die Monarchie abschaffen und eine Republik werden. Ich glaube, daß die Monarchie etwas hat, das einer Republik fehlt.»
Elizabeth hat ein royalistisches Magazin abonniert und sammelt Briefe und Fotografien in einem Album, das ihre Besuche bei königlichen Ereignissen dokumentiert. Alles erinnert daran, wie sich Menschen innerhalb der englischen Kultur gegenüber Filmstars verhalten. Elizabeth würde es zurückweisen, das Königshaus mit bloßen Berühmtheiten auf eine Stufe zu stellen; aber viele Menschen sehen das so. Die Boulevardblätter leben fast ausschließlich davon, das Privatleben von Stars aus Seifenopern sowie der Royals auszukundschaften. Heutzutage behandeln die Engländer ihre königliche Familie nach dem Vorbild der Seifenopern. Auch sie umgibt

Glamour, Reichtum und Unwirklichkeit, und die Öffentlichkeit erwartet, über ihre Skandale, die sich hinter einer dürftigen Fassade verbergen, informiert zu werden.

Auf dem Weg zur Gegenwart

Wir hätten gern die andere Seite der Medaille gesehen; es gelang uns aber nicht, die Königin zu interviewen. Statt dessen besuchten wir Jeanette Charles, «die der Königin sehr ähnlich sieht». Jeanette ist Schauspielerin, die bei Einweihungen häufig die Rolle der Königin übernimmt und auch tatsächlich oft mir ihr verwechselt wird. Sie ist ein lebendes Symbol für ein Symbol. Dem Anthropologen widerfährt selten das Glück, Symbole der zweiten Ordnung zu treffen, die bereit sind, sich selbst zu interpretieren.
Nigel Barley: «Ist es nicht komisch, daß Sie die Königin vertreten – schließlich sind Sie ja nicht die echte Queen.»
Jeanette: «Ja, ich weiß. Mir ist das auch immer seltsam vorgekommen – aber wir leben nun einmal im Zeitalter des Fernsehens. Natürlich fällt es mir nicht leicht, so oft in der Öffentlichkeit zu stehen, wie das bis jetzt der Fall war; die Queen wird jedoch so geachtet, daß Menschen wieder und wieder auf mich zukommen und sagen: ‹Wir wissen, daß Sie Jeanette Charles sind; aber Sie sind der Königin so ähnlich, daß wir Ihnen gern dies und das erzählen würden.› Dann sprechen sie von ihren Gefühlen für die Königin ... und es scheint fast so, als wäre ich eine Kummerkastentante. Als ob *ich* gar nicht zählte. Das ist seltsam.»
Nigel Barley: «Was bedeutet die Monarchie? Was bedeutet die Königin für die Menschen?»
Jeanette: «Die Königin ist Geschichte. Die Monarchie ist Geschichte. Die Queen ist ein Teil davon, von Blut und Erbe ... Ich kann mir nicht vorstellen, wie es ohne eine königliche Familie wäre. Wirklich nicht. Wir sind ein sehr kleiner Teil der Welt. Wir werden als Briten geachtet. Wo immer ich hingehe,

spüre ich, daß die Briten etwas Besonderes haben ... wir besitzen eine gute Auffassungsgabe. Wir verstehen schnell und sind ... eigenartigerweise überall auf der Welt geachtet. Ich sage ‹eigenartig›, weil es in der Welt doch so viele ethnische Bewegungen gibt und man meinen könnte, wir würden als Briten gar nicht besonders auffallen. Doch das stimmt nicht. Das Königshaus ist Großbritannien, und Großbritannien ist die Monarchie.»

Vielleicht. Aber das Seltsame an der königlichen Familie ist, daß sie es geschafft hat, sich als eine Art Meta-Monarchie zu etablieren, ein König unter Königen. Überall auf der Welt haben die Nationen völlig brauchbare eigene Herrscherhäuser. Dennoch beschäftigen sie sich unterwürfig mit dem Klatsch über das Privatleben der britischen Royals, das sie nur aus Zeitungen und dem Fernsehen kennen. Unter den königlichen Familien sind die Briten die *Stars*.

Es gibt noch einen weiteren Grund für unsere zunehmende Beschäftigung mit den Royals als lebendigen Menschen, wodurch in keiner Weise ihre Wirksamkeit als Symbole beeinträchtigt wird.

Jeanette: «Ich bin fast so alt wie die Königin. Ich habe Manieren. Ich genieße Respekt. Ich kenne Loyalität und Liebe. Ich erwarte von der königlichen Familie, daß sie ein Vorbild ist. Sie werden von der Öffentlichkeit bezahlt ... Ich erwarte, daß sie ein moralisches Beispiel geben, und ich weiß, daß viele Menschen ebenso empfinden.»

Mit anderen Worten: Wir erwarten, daß sie ihr Privatleben an moralischen Grundsätzen ausrichten, die wir vielleicht nicht mehr einhalten. Wir erwarten, daß sie uns unser Privatleben in symbolischer Form vorleben – daß sie das öffentliche Gesicht des privaten Familienlebens darstellen.

Die Briten, die Engländer und alle übrigen

Die englische Identität scheint auf den ersten Blick seltsam unberührt vom nationalen Drumherum zu sein. Wir haben einen Nationalfeiertag, der fast gänzlich ignoriert wird. In der Tat wissen nur wenige Engländer, wann er ist. Der Union Jack wird – nach einer kurzen Blütezeit als modisches Accessoire in den Sechzigern – eher von Hooligans als von Patrioten getragen. Es mangelt uns an nationalen Trachten und nationaler Küche. In der politischen Sphäre fehlt uns eine geschriebene Verfassung. Wir haben nicht einmal eine nationale Sprache, nur einen Klassenakzent.

Für Ausländer sind natürlich Schotten, Iren und Waliser auch Engländer. Aber innerhalb des UK wirkt die englische Identität seltsam leer: all die anderen Identitäten sind deutlich markiert. Englishness ist schlicht die Identität, *gegen* die sich der ganze Rest abhebt. Sie operiert auf zwei Ebenen. Sie ist eine regionale Identität wie die der Schotten, weswegen sich diejenigen, die aus Asien oder der Karibik stammen und in England geboren sind, als «Briten» und nicht als «Engländer» bezeichnen. Vielleicht bewegen wir uns auf ein Stadium zu, in dem es möglich sein wird, mehr als eine ethnische Identität zu besitzen – wie die Amerikaner, die sich als Amerikaner *und* Griechen oder Iren bezeichnen.

Aber gegenwärtig eignet sich die Englishness die Symbole der Britishness an. So ist die englische Königin heute Königin aller Briten und auf dem Weg, eine Art internationaler Meta-Monarchin zu werden. Englisch ist die Muttersprache der Briten und auch die Sprache der internationalen Moderne. Sie versteht sich als genauso einzigartig wie die britische Briefmarke: Wir haben die Briefmarke erfunden, und der Kopf der Königin starrt in selbstverständlicher Anmaßung in die Welt. Briefmarken sind britisch, wenn nicht ausdrücklich anders ausgewiesen. So ist es auch mit der Englishness.

Mein Feldassistent, Jim Batchelor, ist ein Patriot und stolz darauf, Engländer zu sein. Die königliche Familie gehört dazu, obwohl er sich weniger um die «Yuppie Kinder» sorgt, wie sie ein anderer Informant nannte. Ein Bild der Queen Mother hängt in seinem Lastwagen.
Nigel Barley: «Sie sind ein kleiner Royalist, nicht wahr?»
Jim: «Ich mag die königliche Familie, ja. Die Queen Mum ist eigentlich mein Liebling.»
Nigel Barley: «Warum sind sie wichtig für Sie?»
Jim: «Man kann es so sagen: Sie ziehen eine Menge Geld ins Land, und wir haben seit einiger Zeit wirklich ein paar Schillinge nötig.»
Nigel Barley: «Das ist doch aber nicht alles, oder?»
Jim: «Nein, es geht um mehr. Es geht ums Prestige, nicht wahr? Woanders gibt es so etwas nicht. Schauen Sie nach Amerika. Alles, was die bekommen, sind Schauspieler, die Präsidenten werden und dergleichen Sachen. Da geht doch niemand hin, um die zu sehen, oder?»
Nigel Barley: «Warum glauben Sie, daß Touristen hierherkommen und all das sehen wollen?»
Jim: «Weil sie nichts Vergleichbares haben. Alles, was sie haben, ist Roy Rogers und Trigger ...»
Nigel Barley: «Ich muß zugeben, daß ich nicht gerade ein fanatischer Anhänger der Monarchie bin.»
Jim: «Das habe ich allerdings schon bemerkt.»
Nigel Barley: «Ich mag die Königin, aber eher, wie man vertraute Dinge mag, zum Beispiel verdauungsfördernde Kekse und rote Briefkästen. Sie sollte genausowenig verschwinden wie meine alte Grundschule, weil alles Vertraute zur eigenen Identität gehört. Nur in diesem Sinn ist die königliche Familie Teil meiner Identität, nicht mehr und nicht weniger.»
Jim: «Ich denke, daß die königliche Familie vielen Menschen Freude bringt, besonders den Älteren, die dergleichen lieben.

Es ist nichts als Tradition, nur Tradition, und das sehen sie gern.

Obwohl Jim Batchelor mein einheimischer Führer und Informant war, verwirrte ihn unsere Reise durch England, weil sie ihn mit keiner Checkliste von rein englischen Charaktermerkmalen versah. Die *Englishness* schien sich ihm auf hinterhältige Weise zu entziehen.

Nigel Barley: «Nun Jim, wir sind landauf und landab gefahren; was heißt es Ihrer Meinung nach, Engländer zu sein?»

Jim: «Ja, ob Sie es nun glauben oder nicht, ich bin völlig verwirrt! Ich dachte immer, daß die Briten und die Engländer englisch sind, und nun habe ich so viele Variationen erlebt. Es ist verwirrend.»

Nigel Barley: «Nur weil wir ein Wort wie ‹Englishness› haben, Jim, muß es nicht unbedingt etwas in der Welt da draußen geben, das ihm entspricht. Man könnte doch annehmen, daß die Beteiligung am kirchlichen Leben der Church of England ein Teil der Englishness sei; andere aber würden erzählen, daß es englischer Art entspreche, nur zu Hochzeiten und Begräbnissen in die Kirche zu gehen. Man könnte behaupten, daß Winken mit dem Union Jack und die Unterstützung der Königin auf englisches Wesen hindeute; und doch sagen wieder andere, daß die Engländer kein großes Aufheben um diese Dinge machen.»

Jim: «Vor ein paar Jahren war der Engländer ein typischer Spinner, wenn man so will. Wie wir beide.»

Nigel Barley: «Ein Exzentriker?»

Jim: «Ja, das ist er doch im Grunde, nicht wahr?»

Nigel Barley: «Zum Teil. Wenn man von einer englischen Identität ausgeht, kann man alles in sie hineinlegen, und dann wird auch die Tatsache, daß alle ganz verschieden sind, zum Teil des *englischen Wesens.* Die Frage ‹Was ist Englishness?› gleicht ein wenig der Frage nach der Form einer Amöbe. Sie verändert unaufhörlich ihre Gestalt. Daran erkennt man, daß sie noch am Leben ist.»

Jim: «Nun, wie dem auch sei. Ich bin immer noch stolz, Engländer zu sein.»

Jim ist zu Recht verwirrt. Der Begriff der ‹Englishness› setzt fast einen Geburtsort, eine Kultur und eine Rasse voraus. Das wäre für eine Welt zutreffend, in der das englische Volk nur in England leben, nur andere Engländer heiraten und seine Kinder ausschließlich in England aufziehen würde. Diese Welt ist jedoch seit langem vergangen. Vermutlich konnten unsere viktorianischen Vorväter in solchen Bahnen denken, daher war englische Identität für sie kein Problem. Heutzutage jedoch ist die Bestimmung der Nationalität zum Alptraum geworden, wie jeder Beamte der Einwanderungsbehörde weiß. Natürlich ist es immer möglich, Kategorien unversehrt zu erhalten, wenn man die Welt in Engländer und die «wahren» Engländer einteilt, für die alle alten Annahmen noch gelten, wie zum Beispiel, daß man die Church of England als Zeichen der Nationalität und nicht so sehr als Religion ansieht. Englishness ist eine dehnbare Kategorie, die man nach Belieben ausweiten oder verengen kann. Immer schon war es hilfreicher, darauf zu achten, wer *ausgeschlossen* statt *einbezogen* wurde.

Diese Unbestimmtheit sollte nicht als Kritik an dem Begriff der Englishness verstanden werden. Seine Macht liegt darin, Geschichte, Gefühle und kollektive Haltungen wachzurufen und eine Identität zu schaffen, die sich anfühlt, als wäre sie wirklich. Sie muß unklar sein, um überhaupt zu funktionieren. Wie Jims Reaktionen zeigen, sagt die Tatsache, daß wir etwas nicht definieren können, nichts über unsere emotionalen Bindungen aus. Wäre das der Fall, dann hätte die christliche Religion schon vor Jahrhunderten aufgehört zu existieren.

Bin auch ich stolz darauf, Engländer zu sein? Bis zu einem gewissen Grad: ja. Aber jeder Anthropologe ist von Berufs wegen ein Fremder; daher werden die Engländer für mich immer gleichzeitig «wir» und «sie» sein.